Schnitzen

Otto Maier

Schnitzen
Hölzer · Muster · Werkzeuge

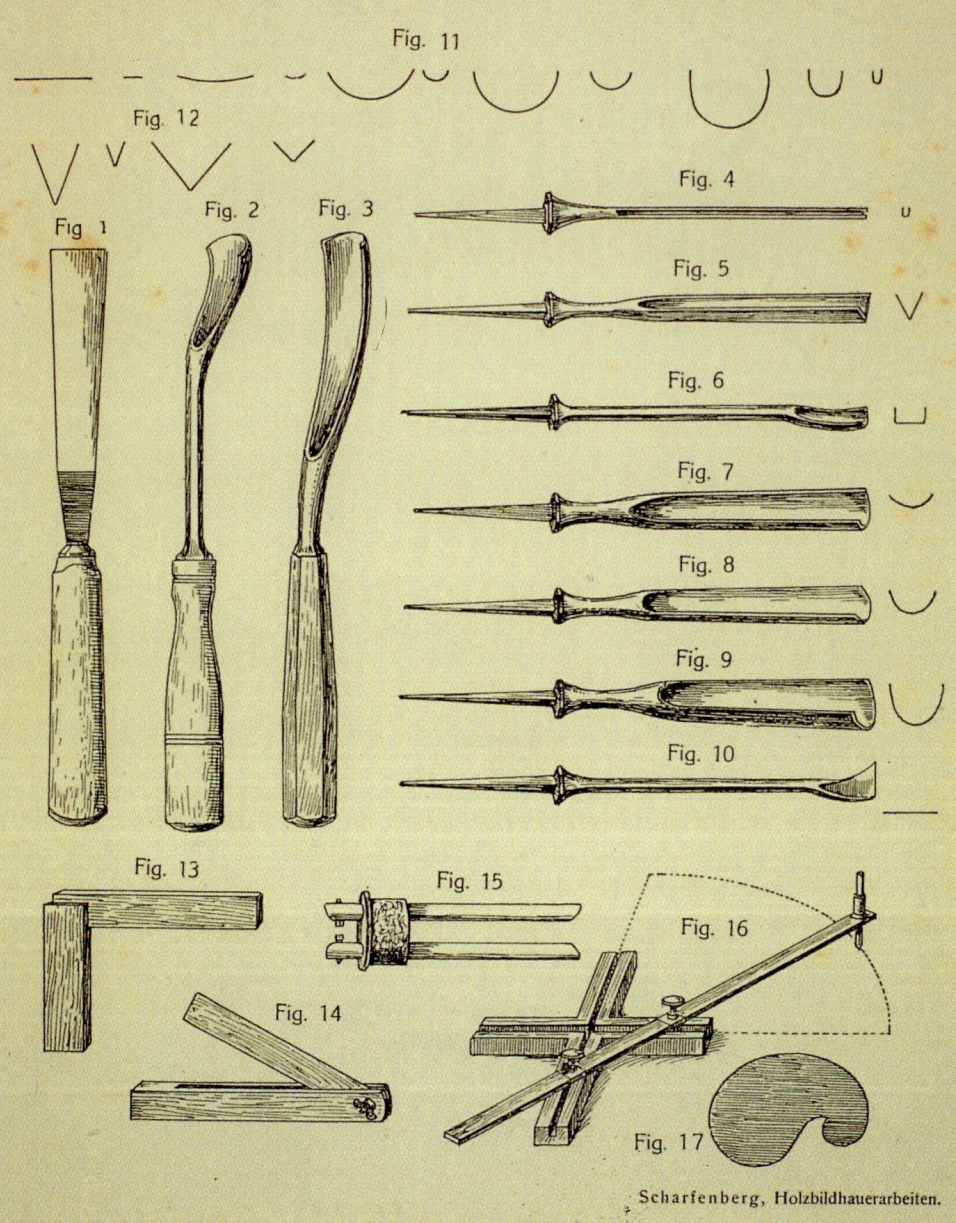

Schnitzeisen, Stichformen, Anreisszeug, Schaber.

Fig. 11

Fig. 12

Fig. 1

Fig. 2

Fig. 3

Fig. 4

Fig. 5

Fig. 6

Fig. 7

Fig. 8

Fig. 9

Fig. 10

Fig. 13

Fig. 15

Fig. 16

Fig. 14

Fig. 17

Scharfenberg, Holzbildhauerarbeiten.

Inhalt

Das Material Holz

Welche der vielen Holzarten eignet sich am besten zum Schnitzen? Die Antwort lautet: Anfänger sollen mit Lindenholz vorlieb nehmen. Nach einigem Üben, wenn nicht mehr zu befürchten ist, daß ein wertvolles Stück Holz unbrauchbar wird, kann man sich an Holzarten wagen, die – wie Obsthölzer – mit ihrer lebhaften, schönen Struktur und ihrer Farbe sehr zum guten Aussehen eines geschnitzten Gegenstands beitragen. Je strukturärmer eine Holzoberfläche ist, um so reicher kann das Werkstück verziert werden. Hölzer mit auffälliger, interessanter Maserung dagegen sollte man Schnitzwerken vorbehalten, die sich durch schlichte Formen auszeichnen. Lindenholzklötze werden in vielen Formaten in Heimwerkermärkten angeboten, teils einzeln, teils als Sortiment verschieden großer Stücke. Wer schnitzen will, sollte immer einige Klötze im Haus haben, denn sie können die Vorstellungskraft sehr anregen. Man ahnt unter Umständen im Holz geradezu das künftige Objekt – etwa eine Schale – und wird dazu inspiriert, es aus dem Klotz herauszuarbeiten.

Beim Einkauf eines Sortiments sollten Sie darauf achten, daß es möglichst lange Hölzer umfaßt, denn man braucht sie beim Schnitzen viel häufiger. Der Preis ist bei langen und kurzen Stücken übrigens meist gleich. Schwieriger ist die Materialbeschaffung, wenn Sie ein großes Objekt schaffen wollen, zum Beispiel eine Tierfigur.

Ein Stamm ist aufge-
baut aus
1 Rinde – Schutz-
   schicht,
2 Bast – Nährstoff-
   leitung,
3 Kambium – dem
   produktiven Teil
   des Stamms,
4 Splint – der was-
   serführenden
   Schicht,
5 Kernholz – dem
   tragenden Ele-
   ment, unserem
   Material

Das Bild auf dieser Seite zeigt, daß Holz kein homogener Werkstoff ist, sondern durch materialgerechtes Aufteilen der Stämme in mehr oder weniger brauchbare Stücke gewonnen wird. Ist ein Baum nicht allzu dick, stößt man schnell an Grenzen. Die Mitte, der zentral gelegene Kern, kann kaum verwendet werden, weil er in höherem Maße rißgefährdet ist als die Seitenbretter. Bei der Herstellung von Großfiguren haben sich die Bildhauer früher damit beholfen, daß sie eine Figur aus einem ganzen Stamm geschnitzt und dann von hinten her ausgehöhlt haben.

Man kann sich vorstellen, die äußeren Jahresringe hätten die Funktion von Faßreifen. Trocknen nun die Außenpartien schneller als der innere Bereich (an den keine Luft kommt) – und »schwinden« sie dabei – dann kann der »Faßreifen« dem Druck nicht standhalten und reißt. Deshalb ist es leichter, ein »Halbholz« rißfrei zu trocknen als ein »Ganzholz«. Durch Aushöhlen kann eine Entlastung der äußeren Jahresringe erzielt werden.

Verleimen

Woher bekommt man einen preiswerten, großen Holzklotz? Es gibt verschiedene Möglichkeiten. Eine davon ist, das große Holzstück aus mehreren kleinen zusammenzuleimen. Leider sind die Leimfugen naturfarben belassener Schnitzwerke mehr oder weniger deutlich zu sehen, schlimmstenfalls gehen die Fugen sogar auf. Da muß der Fachmann ran: Beauftragen Sie am besten einen Schreiner mit der Vorbereitung der Leimfugen und dem Verleimen der Stücke. Sie sollten ihm sagen, wozu Sie den verleimten Klotz verwenden wollen, denn auch sehr saubere, mit der Abrichthobelmaschine bearbeitete Flächen sind für unseren Zweck nicht gut genug.

Die leichten Wellen, die die Maschine hinterläßt (»Rauhtiefe«), addieren sich – die Fuge ist nicht dicht genug geschlossen. Deshalb müssen die Flächen nachgearbeitet werden, entweder durch

Schleifen oder durch feinstes »Putzen« mit dem Putzhobel. Dabei besteht dann die Gefahr, daß die Flächen ganz leicht uneben werden und die Fugen schließlich außen nicht dicht sind (»passen«). Die alte Methode, Flächen mit dem Zahnhobel vorzubereiten, ist gut für eine mittlere Qualität. Verbessert wird die Qualität durch sehr starkes Pressen.

Leider sind die hydraulischen Fugenpressen nur für schmale Stücke ausreichend. Breite Hölzer kann man kaum anders als mit großen Zwingen spannen. Man sollte so viele verwenden, wie Platz haben: sie müssen stark angezogen werden.

Der Schreiner kann verleimte Klötze grob zuschneiden bzw. grob ausschneiden. Er benutzt dafür eine Bandsäge mit sehr schmalem Schweifsägeblatt.

Verleimt man die Lindenholzklötze miteinander, bekommt man akzeptable Oberflächen an der Leimstelle, da Lindenholz kaum eine Struktur aufweist – allerdings kann es Farbabstufungen geben. Bei reich gemaserten Hölzern ist Vorsicht geboten, weil sich zwei an der Leimstelle zusammentreffende Oberflächen hinsichtlich Struktur und Farbe stark unterscheiden. Auch eine außergewöhnlich sorgfältig bearbeitete Fuge ist dann nicht zu übersehen, und sie kann ganz erheblich stören.

Materialbeschaffung

Der Holzbildhauer ist gut beraten, sich seine Klötze »direkt« zu beschaffen. Ganze Bäume werden mit der Kettensäge in Stücke passender Länge zerlegt, die Klötze in der Mitte gespalten und die Hälften jahrelang getrocknet.

Wenn Sie weit vorausplanen, können Sie das Verfahren im kleinen anwenden. Bei Fahrten über Land sieht man immer wieder, daß alte Obstbäume gerodet werden, um für jüngere Pflanzen Platz zu schaffen. Stämme und dicke Äste werden meist gleich an Ort und Stelle zu Brennholz verarbeitet. Selten ist ein so lang, so gerade, so dick und so astrein gewachsener Stamm dabei, daß er ans Sägewerk verkauft werden kann. Versuchen Sie also in jedem Fall, solches Rohmaterial zum Brennholzpreis zu erwerben. Brauchbar sind nur Bäume, die im Spätherbst oder im Winter gefällt wurden, vor dieser Zeit und im beginnenden Frühjahr enthält das stehende Holz zuviel Saft.

Die erworbenen Schätze in Rundholzform müssen einmal aufgespalten werden, da sie sonst beim Trocknen mit Sicherheit reißen. Schon beim Aufspalten gibt es erste Enttäuschungen. Es können sich Äste, Verwachsungen und Verletzungen zeigen, die man von außen nicht sieht, weil sie von gesundem Holz überwuchert worden sind. Das darf Sie nicht stören, denn bis Ihr Schnitzwerk fertig ist, wird sich das Volumen des zum Brennholzpreis erworbenen Holzes um 80 bis 90 Prozent verringert haben (rentabel, wenn man einen Kamin oder einen Ofen hat!).

Trocknen und Lagern

Die halbrunden Stücke, die wir beim Zerteilen unseres Holzes erhalten, trocknen wir in einem Raum mit ausreichender Luftfeuchtigkeit. Das Untergeschoß eines Hauses, das von einer Warmwasserheizung versorgt wird, eignet sich dafür beispielsweise nicht. Da ist es besser, Sie stapeln das Holz in einem Schuppen oder unter einem Vordach im Freien. Schützen Sie Ihr Holz vor der Sonne. Es dauert je nach Holzart und Klotzdicke etwa 2 bis 3 Jahre, bis die halbrunden Stücke als luftgetrocknet angesehen werden können. Dann sinkt ihr Feuchtigkeitsgehalt nicht weiter (wenn man sie am Lagerort beläßt). Er beträgt erfahrungsgemäß um 16 Prozent. Ein Schnitzwerk, das im geheizten Zimmer stehen soll, darf aber nur höchstens 8 bis 10 Prozent Feuchtigkeitsgehalt haben. Diesen Werten kann man nahekommen, indem man das Material vor dem Einsatz einige Wochen in einem nur mäßig warmen, aber trockenen Raum aufbewahrt.

Wer sein Holz auf dem skizzierten Weg preisgünstig beschafft, sollte frisches Material mit der jeweiligen Jahreszahl kennzeichnen – so behält man die Übersicht. Am Ende des Trocknungsprozesses teilt uns der Schreiner das Holz, genauer, er sägt uns die guten Stücke heraus. Dabei kommt uns seine Erfahrung zugute. Natürlich kann auch der Fachmann nicht wissen, welche Überraschungen beim Auftrennen ans Tageslicht kommen werden, aber er kann die Brauchbarkeit eines Stammteils wenigstens abschätzen.

Das beste Holz zum Schnitzen

Man kann grob sagen: Zum Schnitzen lassen sich alle Holzarten verwenden, bei denen der Härteunterschied zwischen Winter- und Sommerjahresringen unbedeutend ist. In erster Linie eignet sich, wie gesagt, die Linde, aber es kommt beispielsweise auch Ahorn- oder Birnbaumholz in Frage. Buchenholz erfüllt zwar auch unser Kriterium, aber es ist ziemlich hart und gilt obendrein als unattraktiv.

Bei Linde, Ahorn und Birne ist die Grenze zwischen Winter- und Sommerwuchs gar nicht auszumachen. Vor ihrer »Härte« darf man sich nicht fürchten, das als weich berühmte und deshalb als erste Wahl empfohlene Lindenholz kann mitunter so hart sein, daß einem beim Schnitzen der Schweiß aus allen Poren tritt. Vereinfacht: Je dunkler die Linde, um so härter ist sie.

Zum Schnitzen weniger geeignet sind Esche, Eiche und die Nadelhölzer, bei denen die Jahresringe deutlich voneinander abgegrenzt sind. Esche und Eiche sind außerdem sehr hart – mit Ausnahme der »Spessart«-Eiche. Vor allem Chorgestühle, die eine Vielzahl von Kunstwerken in Form von Statuen und geschnitzten Ornamenten aufweisen, sind fast durchweg aus Eichenholz gefertigt. Bald sind Sie ein Hobby-Schnitzer. Ob sich das auf den Blickwinkel auswirkt, unter dem Sie demnächst ein Schnitzkunstwerk betrachten werden? Wir wünschen es Ihnen. Sicher fallen Ihnen dann die vielen Äste auf, mit denen sich der Künstler plagen mußte. Übrigens sind die Risse, die Sie in alten Schnitzereien finden können, erst nach der Herstellung entstanden. Auch der beste Trockenprozeß vermag sie nicht sicher zu verhindern. Wenn sogar bei Meisterwerken das Holz »arbeitet«, dann dürfen Sie ruhig mal ein Stück aus Ihren Vorräten verwenden, das Ihnen auf den ersten Blick vielleicht nicht so gefallen hat.

Holz verformt sich beim Trocknen

Wenn Sie einen frischen Klotz zu Brettchen aufteilen lassen (für Schatullendeckel, Wappenschilder und ähnliches) müssen Sie bei der Dickenbestimmung die zu erwartende Krümmung berücksichtigen. Die Abbildung auf Seite 9 zeigt, daß sich die Bretter beim Trocknen auf ganz bestimmte Weise verziehen. Während das aus der Stammmitte geschnittene Brett sich beim Trocknen wenig oder gar nicht krümmt (»Herzbrett«), verziehen sich von außen weggeschnittene Bretter zum Teil recht stark (»Seitenbretter«). Wenn man ein krummes Brett mit der Maschine abrichtet (eine Planfläche anhobelt) und dann von Dicken hobelt, verliert es erheblich an Dicke. Deshalb darf die gesägte Dicke nicht zu knapp bemessen werden. Weil breitere Bretter dann nur unter großer Verschwendung zu erzeugen wären und der Kern jeden Brettes sowieso herausgeschnitten werden muß, verleimt der Schreiner Tafeln stets aus schmaleren Streifen. Schon bei einem kleinen Schatullendeckel in den Abmessungen 30 x 20 cm, 1 cm dick, sollte das Verleimen angewendet werden. Es besteht sonst die Gefahr, daß sich der Deckel (obwohl er auf die Seitenteile einer Schatulle geleimt ist) stark wölbt und die Schatulle dann nicht mehr schließt.

Nicht nur Bretter, sondern auch Klötze sind dieser Verformung durch das Trocknen unterworfen. Ein Klotz mit annähernd quadratischem Querschnitt trocknet so, daß der Querschnitt am Ende des Trockenprozesses eine Raute bildet. Also gilt auch hier: Nicht zu sparsam zuschneiden!

Werkzeuge und Hilfsmittel

Zum Schnitzen verwendet man herkömmliche Stechbeitel verschiedener Breite, wie sie für Schreinerarbeiten gebraucht werden. Die Schneiden dieser Werkzeuge werden lediglich auf größere Länge geschliffen: Sie schneiden dann leichter, weil der Keilwinkel der Schneide durch das Schleifen verringert wird. An spezifischem Werkzeug brauchen Sie einige Hohlmeißel, sowie Geißfüße verschiedener Größe und ein kleines Sortiment Schnitzmesser. Damit ist bereits das ganze Handwerkszeug beschrieben! Figuren bearbeitet man auf dem Schnitzbock; Brettchen und Klötze werden dagegen mit einfachen Schraubzwingen auf den Tisch gespannt, eine Hobelbank müssen Sie also fürs Schnitzen nicht anschaffen. In einem alten Buch über die Bildhauerei (Reprint 1986) fanden wir die Bilder **(1)** und **(2)** Seite 12,

die wir Ihnen nicht vorenthalten wollten: Die vielfältigen Werkzeuge waren wohl als Grundausstattung gedacht. Messer kommen auf den Bildern gar nicht vor; was wie Messer aussieht, sind Profilschaber. Dafür sind neben den Schnitzbeiteln unterschiedliche Feilen und Raspeln aufgeführt, (heutige Handelsbezeichnung: »Löffelfeilen«), die darauf schließen lassen, daß man schon früher von der reinen Lehre abgewichen ist, nach der ein Schnitzwerk nicht mit Feilen, Schabern und Schleifpapier geformt und geglättet werden darf. Der abgebildete Ellipsenzirkel ist für uns als technikgeschichtliches Zeugnis interessant, er muß schon damals sehr viel Geld gekostet haben. Das Bild auf dieser Seite zeigt moderne Schnitzmesser, die im Handel hauptsächlich als 2- bis 5teiliges Sortiment angeboten werden.

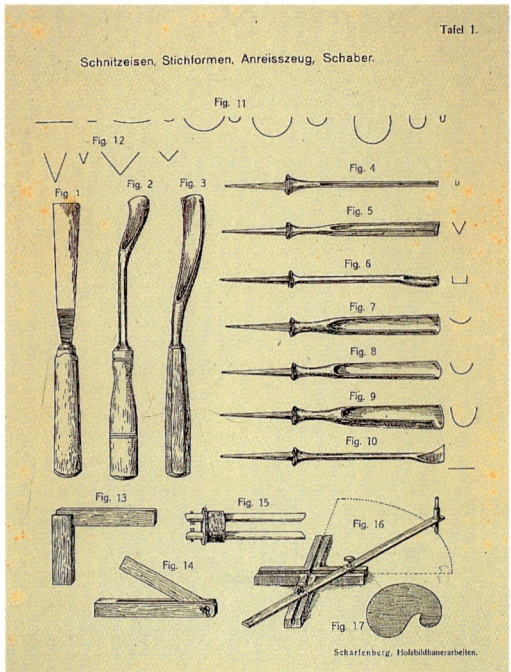

Bild 1: Schnitzwerkzeuge aus früheren Zeiten: Schnitzeisen, Stichformen, Anreißzeug, Schaber

Bild 2: Feilen, Ziehklingen, Schaber, Klöppel, Grundierer

Die Bleistifthaltung

Im Umgang mit Schnitzern kann man beobachten, daß sie vorzugsweise mit einem einzigen Messer arbeiten, das ihnen besonders gut in der Hand liegt – an das sie sich gewöhnt haben. Auch der Autor hat bei seinen Arbeiten für dieses Buch fast immer dasselbe Messer benutzt. Seine dünne Klinge verkürzte sich mit der Zeit durch die Abnutzung, das Messerheft war lang genug für die »Bleistifthaltung«. Dabei wird das Messer wie ein Schreibgerät gehalten. (Nur bei flachen Schnitten faßt man mit der Faust zu.)

Die Schnitzbeitel

Die zweite Gruppe wichtiger Werkzeuge umfaßt die Schnitzbeitel. Drei Grundformen braucht man unbedingt: das gerade Eisen, das Hohleisen und den »Geißfuß« (V-förmig). Ebenso wie es die

Sortimente von Messern in Plastiktaschen zu kaufen gibt, werden auch die drei Grundformen von Beiteln so angeboten **(3)**. Es sind dann meist schmale Werkzeuge, damit der Sortimentspreis nicht abschreckend hoch ausfällt, doch können wir diese feinen Werkzeuge gut gebrauchen. Dazu empfiehlt sich die Anschaffung einiger größerer Hohlbeitel. Davon könnte man natürlich ins uferlose gehende Stückzahlen kaufen, denn sie unterscheiden sich nicht allein durch verschiedene Breiten, sondern auch durch die unterschiedliche Krümmung. Von sehr flach bis U-förmig ist alles zu haben. Bei der Arbeit an einem neuen Stück sollte man die speziellen Werkzeuge am besten dann kaufen, wenn man einen Arbeitsschritt mit keinem der vorhandenen ausführen kann. Zum »Ausgraben« tieferer Höhlungen sind einige »gekröpfte Hohleisen« notwendig **(4)**.
Man darf jedoch ihre Anwendungsmöglichkeiten im praktischen Einsatz nicht überschätzen, denn sie »arbeiten« aufgrund der Stellung der Schneide zum Heft »als Kräftedreieck« **(5)** und sind deshalb zum schnellen Aushauen dicker Späne weniger geeignet.

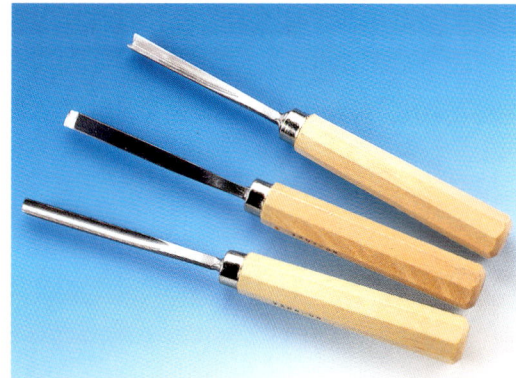

Bild 3: Hohlmeißel, Geißfuß, gerades Eisen

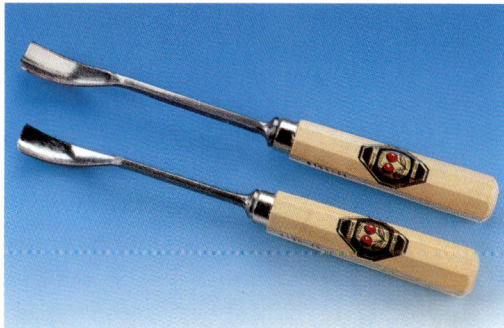

Bild 4: Gekröpfte Werkzeuge: Geißfuß und Hohlmeißel

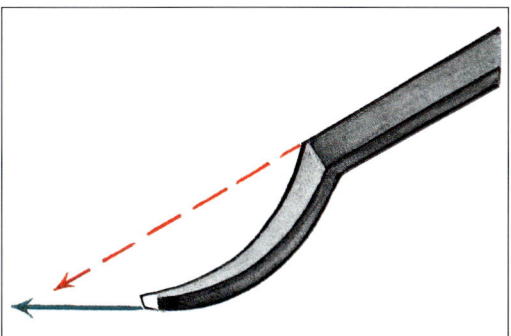

Bild 5: Die gekröpften Werkzeuge können nicht optimal arbeiten

Der Klüpfel

Die Kraft, die ein Messer ins Holz treibt, kann ohne weiteres von der Hand des Schnitzers aufgebracht werden.

Anders ist es beim Arbeiten mit Stechbeiteln, deren Schneiden weniger flach und scharf sind: Die geringere Keilwirkung erzwingt den Einsatz eines speziellen Holzhammers, der je nach Mundart in der Branche verschiedene Namen trägt. Er treibt den von der linken Hand gehaltenen Stechbeitel ins Holz. Einen sogenannten Schreiner-Knüpfel bekommt man überall, er ist zum Schnitzen allerdings nur bedingt geeignet **(6 rechts)**. Das entsprechende Profiwerkzeug heißt »Bildhauerklüpfel« **(6 links)**.

Der Wechsel von »Knüpfel« zu »Klüpfel« ist übrigens eine süddeutsche Spracheigenart, im Norden gibt es nur »Klüpfel«.

Es empfiehlt sich, eine kleinere Ausführung anzuschaffen, große schwere Klüpfel ermüden den Schnitzer sehr. Sie sind eher für die Bedürfnisse der Steinmetzen gedacht, der die gleiche Werkzeugform verwendet wie der Holzbildhauer.

Bild 6: Knüpfel und Klüpfel

Spezialwerkzeuge selbst hergestellt

Ein einfaches Messer **(7)** wird ein Profi kaum benutzen, dem Einsteiger kann es aber gute Dienste leisten. Für uns eignet sich am besten ein kurzes, nicht zu weit abgenutztes Metzgermesser. Es muß an der Schneide noch geschliffen werden, damit die Schneide dünner wird **(8)**. Angeblich schnitzten die Bergbauern des Schwarzwalds die ersten Kuckucksuhren samt Zahnrädern und Verzierungen ausschließlich mit solchen Messern – weil sie vermutlich keine anderen Werkzeuge hatten. Wir können das Messer für größere, tiefere Kerben gebrauchen, wie sie beim Schnitzen einfacher Holzpuppen geschnitten werden müssen.

Einige Schnitzbeitelsortimente sind deshalb billig, weil sie weder sorgfältig geschmiedet noch ordentlich nachgearbeitet oder gar poliert wurden. Sie sind aber nicht zu verachten, wenn man sie als »Rohmaterial« betrachtet. Für einen speziellen Arbeitsgang, der vielleicht nur einmal vorkommt, kann man aus solchen Beiteln ein Spezialwerkzeug selbst zurechtschleifen **(9)**.

Der sogenannte »Schnitzbock« **(10)** wird mit zwei Schraubzwingen am Arbeitstisch befestigt. Wenn man ein flaches Werkstück auf die Fläche vorn legt und mit der linken Hand gegen den Absatz des Schnitzbocks drückt, braucht man das Werkstück nicht festzuspannen. Allerdings eignet sich der Schnitzbock nur für wenige Arbeitsgänge; notwendig ist er aber beim Figurenschnitzen. Dabei lassen sich die Werkstücke nämlich problemlos und komfortabel mit einer Spezialschraube am Schnitzbock festspannen.

Bild 7: Mit einem solchen Messer lassen sich Einkerbungen schneiden

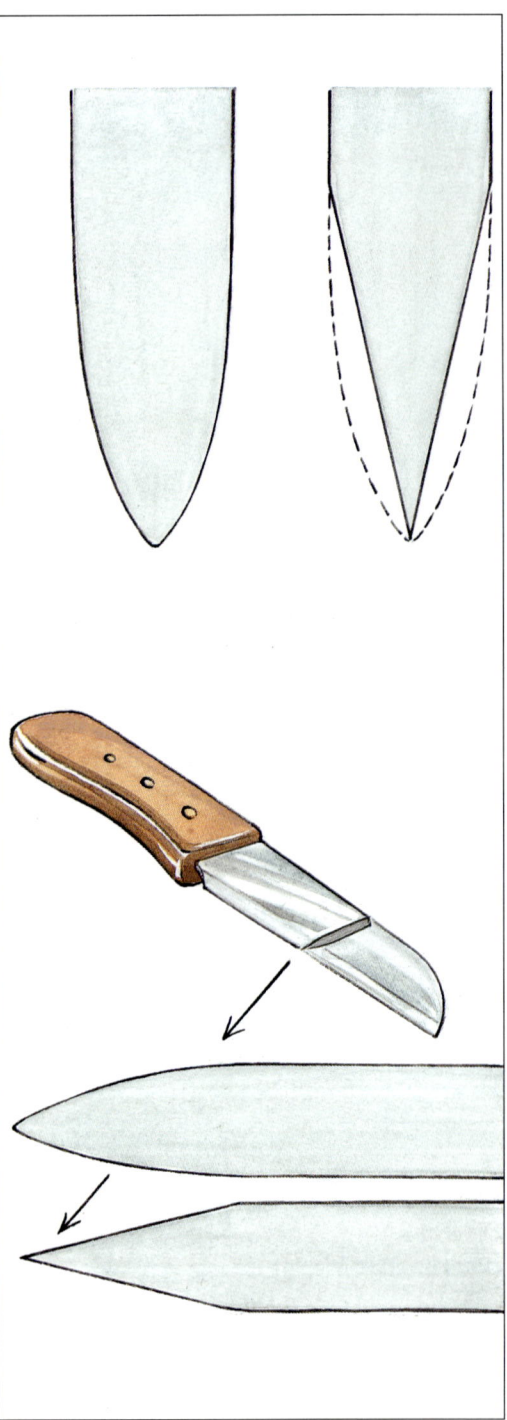

Bild 8: Mit der Bandschleifmaschine bearbeitete Messer müssen ausgeschliffen werden

Bild 9: Sortiment billiger Eisen

Bild 10: Schnitzbock

Das Schärfen

»Allzu scharf – schneidet nicht!« So meint ein altes Sprichwort, dessen Richtigkeit man heute besser bezweifeln sollte. Früher allerdings, als das Legieren und das Härten von Stählen noch eher intuitive, den Künsten nahestehende Tätigkeiten waren, mag das Sprichwort seine Berechtigung gehabt haben. Heute werden Schneidwerkzeuge wie Messer und Beitel aus zähen, gehärteten Stählen hergestellt; deshalb können wir getrost beim Schleifen auf allerbeste Schärfe hinarbeiten. Im folgenden zeigen wir mit wenig Theorie, aber viel Praxis, wie man sich die Voraussetzungen für leichtes, fließendes Zerspanen schaffen kann: scharfe Werkzeugschneiden.

Schleifen mit Maschinen

Für das Schärfen der Schnitzwerkzeuge würden an sich grobe und feine Abziehsteine ausreichen. Nun sind jedoch neu gekaufte Schnitzmesser und Schnitzbeitel nicht scharf ausgeschliffen. Statt einer Schneide haben Sie eine einige Zehntelmillimeter breite Fläche. Deshalb muß beim erstmaligen Schärfen so viel Material abgetragen werden, daß man eine Maschine zu Hilfe nehmen muß. Auch wenn bei späteren Arbeiten trotz aller Vorsicht eine Scharte ausbricht, muß viel abgeschliffen werden, bis wieder eine lückenlose Schneide entsteht. In manchen Fällen ist es außerdem vorteilhaft, selbst eine Werkzeug-Sonderform herstellen zu können. Das geschieht durch Umschleifen, zum Beispiel eines Stemmeisens, das dringender für den Spezialzweck als für seine eigentliche Bestimmung gebraucht wird.

In vielen Hobbyräumen findet man eine Doppelschleifmaschine **(1)**, die natürlich Verwendung finden kann. Ihr Einsatz hat jedoch vor allem den Nachteil, daß ihre Schnittgeschwindigkeit sehr hoch ist und – besonders beim Gebrauch der feinkörnigen der beiden Scheiben – sehr leicht der Stahl des Werkzeugs verbrannt wird. Schon eine geringfügige Gelbfärbung des Stahls mindert seine Härte und damit die Standfestigkeit der Schneide beträchtlich. Färbt sie sich gar blau, dann ist sie gänzlich unbrauchbar. Ein auf diese Weise verdorbenes Werkzeug kann man nur retten, wenn man ein beträchtliches Stück ab-

schleift. Der Fachmann empfiehlt, beim Schleifen nur sanften Druck auf das Werkstück auszuüben und es häufig in Wasser abzukühlen.

Trocken- und Naßschliff

Für die Zwecke des Schnitzers ist eine langsamlaufende Naßschleifmaschine (siehe großes Foto links) der Doppelschleifmaschine **(1)** vorzuziehen, zumal, wenn eine Maschine ohnehin angeschafft werden muß. Bei der Naßschleifmaschine läuft der Schleifstein in einem Wasserbehälter. Dadurch wird das Werkstück ständig gekühlt. Die Steine dieses Schleifertyps sind außerordentlich weich. Daß sie sich deshalb schnell abnutzen, ist im Freizeitbetrieb kein großer Kostenfaktor. Allerdings sollte man den Stein in seiner ganzen Breite ausnutzen, da sonst tiefe Rillen entstehen. Sie lassen sich nur mühevoll durch Abziehen mit dem »Carborundum« **(2)** beseitigen. Die Scheibe verschleißt dabei natürlich besonders schnell.

Die »schnelle« trockene und die »langsame« nasse Schelbe einer Schleifmaschine arbeiten nach unterschiedlichen physikalischen Prinzipien. Beim Trockenschliff brechen fortwährend stumpf gewordene Schleifkörper aus der keramischen

Bild 1: Doppelschleifmaschine, vorschriftsmäßig mit durchsichtigen Schutzschilden ausgestattet

Bild 2: Abrichten des Schleifsteins mit dem Carborundum

Bindung der Scheibe aus und machen scharfen Körnchen Platz. Andernfalls würde die Scheibe schnell verschmieren. Beim Naßschliff fliegen die Körnchen nicht weg (trotzdem Schutzbrille tragen!), sondern bilden mit dem Kühlwasser eine Schlammschicht, das eigentliche Schleifmedium. Diese Erklärung des Schleifens gilt auch für Abziehsteine.

Beim Naßschliff werden natürliche Sandsteinschleifscheiben verwendet, aber auch künstlich hergestellte, besonders feine und weiche (das bezieht sich auf die keramische Bindung) Korundscheiben. Allgemein werden Sandsteine bevorzugt, doch haben sie im nur gelegentlichen Betrieb einen Nachteil. Sie sollten nicht über längere Zeit im Wasser stehen, weil die Härte der »nassen Hälfte« sich verändert. Das führt dazu, daß solche Steine »unrund« werden. Man sollte also vor längeren Arbeitspausen das Wasser ablassen, damit der Stein trocknen kann.

Die beschriebenen Maschinentypen haben einen gemeinsamen Nachteil. Bei beiden lassen sich die Werkstückauflagen nicht optimal einstellen. Freihändiges Schleifen ist nun aber nicht ungefährlich – das scharfkantige Werkstück kann dem Do-it-yourselfer aus der Hand gerissen werden und unkontrolliert durch die Gegend fliegen.

Noch ein Wort zu den abgebildeten, vom Autor benutzten Schleifmaschinen **(2)**: Bei der Naßschleifmaschine wurde die instabile und unzureichende Auflage entfernt, bei der Abzieh-(bzw. Polier-) Scheibe war von vorn herein keine dran.

Die Kontrolle des Schliffs

Die allermeisten Schnitzbeitel werden an der Fase nachgeschliffen **(3)**. Die Gegenseite, der Spiegel, ist von Haus aus (bei guten Werkzeugen) sauber poliert und sollte weitestgehend in diesem Zustand erhalten werden. Das bedeutet, daß die Innenflächen der Hohleisen und Geißfüße nur mit feinsten Abziehsteinen bearbeitet werden dürfen.

Besonders dann, wenn viel abzuschleifen ist – weil man zum Beispiel eine Scharte »auswetzen« muß –, sollte darauf geachtet werden, daß der Keilwinkel **(4)** möglichst genau erhalten bleibt. Zur Kontrolle ist ein Winkelmesser **(5)** sehr nützlich. Die Abnahme des Keilwinkels vor und die Kontrolle nach dem Schleifen ist besonders dann sinnvoll, wenn das Werkzeug gut geschnitten hat und man den Erfolg wiederholten möchte. Umgekehrt darf man sich nicht scheuen, einem Eisen, das nicht zufriedenstellend »arbeitet«, versuchsweise einen größeren oder kleineren Keilwinkel anzuschleifen. Wir haben zum Beispiel an einem neuen gekröpften Hohlbeitel hinter der Fase einiges Material abtragen müssen, bis das Werkzeug gut zu gebrauchen war. Vorher wollte es – außer in extrem steiler Haltung – nicht »anbeißen« **(6)**. Steht kein üppiges Werkzeugsortiment zur Verfügung, ist es gut, sich schon bei der Planung einer Schnitzarbeit zu fragen, ob sie mit den vorhandenen Werkzeugen auch ausgeführt werden kann.

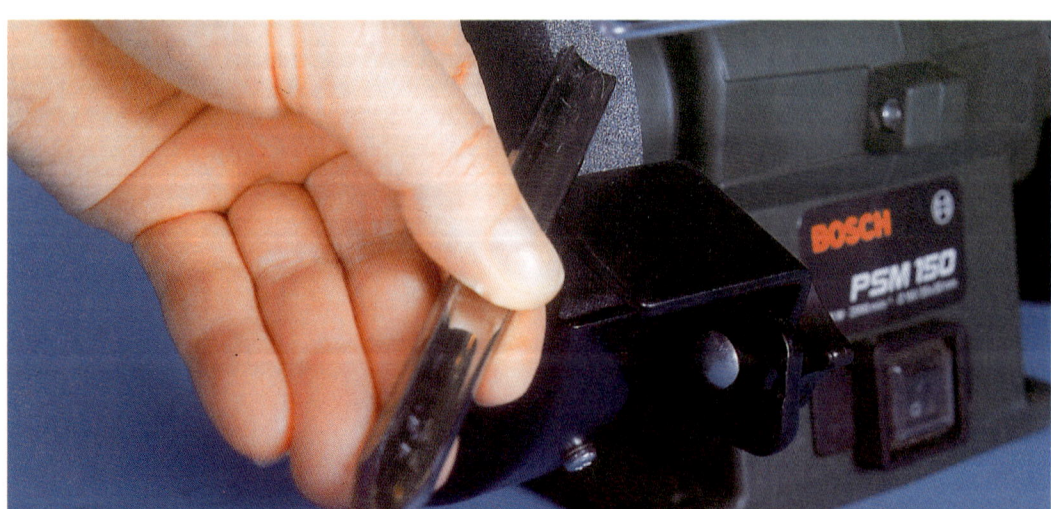

Bild 3: Freihändiges Schleifen eines Hohlbeitels

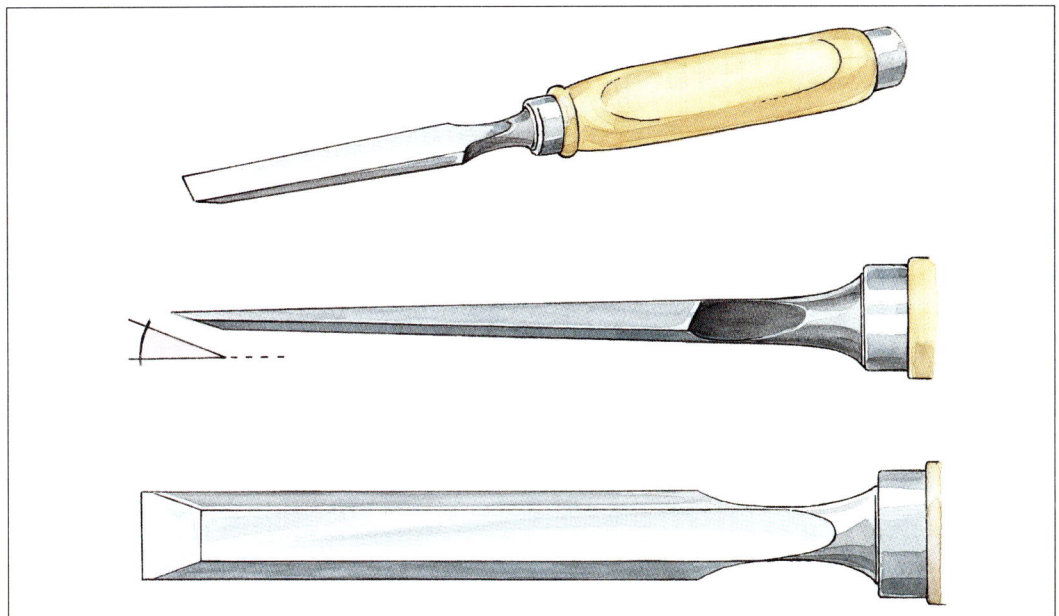

Bild 4: Einzelheiten am Schnitzeisen

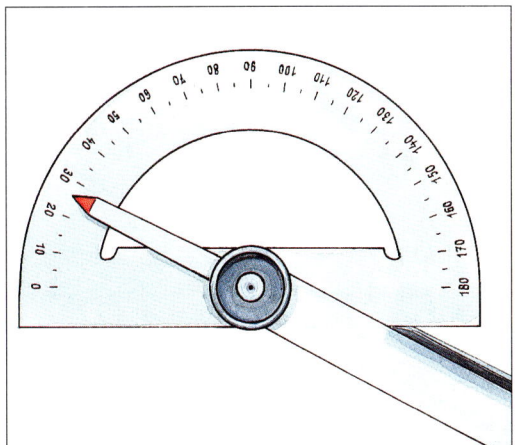

Bild 5: Kontrolle mit dem Winkelmesser

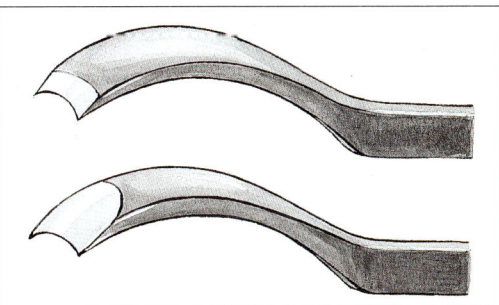

Bild 6: Gekröpfter Hohlbeitel

Bild 7: Enge und spitz zulaufende Ausgründung

Mitunter lassen sich Werkzeugprobleme umgehen, indem man Details am Plan der Schnitzarbeit abändert. Für extreme Arbeitsanforderungen, wie sie beispielsweise bei engen oder spitz zulaufenden Ausgründungen **(7)** auftreten, kann man ein billigeres Werkzeug passend umschleifen **(8)** (Bild Seite 20).

Der Schleifvorgang an »Eisen« ist beendet, wenn eine gleichmäßige Fase angeschliffen und an der Spiegelseite ein durchgehender Grat zu fühlen ist.

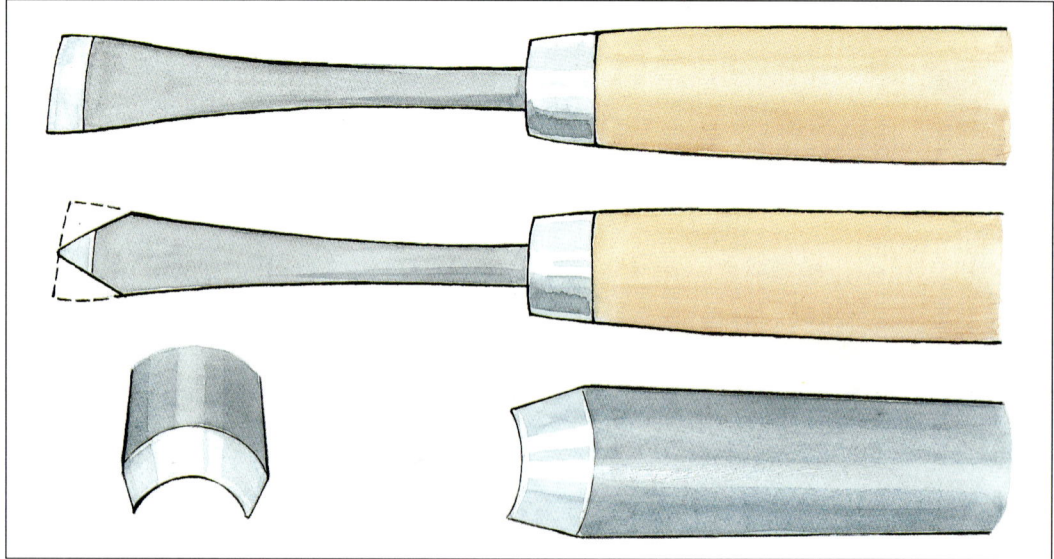

Bild 8: Umschleifen eines Werkzeugs für Spezialzwecke

Schleifen des Schnitzmessers

Schnitzmesser haben einen symmetrischen Querschnitt. Sie werden von beiden Seiten her gleich behandelt, sowohl geschliffen als auch abgezogen. Hier ist der Einsatz der schnellaufenden Doppelschleifmaschine besonders problematisch. Die Schnitzmesser sind sehr dünn, haben einen sehr kleinen Keilwinkel und verbrennen deshalb bei dieser Technologie besonders schnell.

Das Schleifen an der Naßscheibe fordert einiges Geschick **(9)**. Da der Scheibenumfang gewölbt ist, kann man das Messer nicht flach auflegen. Man muß den Messerrücken leicht anheben, bis die vordere Schneidenpartie am Stein anliegt. Es hilft ein bißchen, dabei den Schlammfilm auf der Scheibe zu beobachten: Ist der Messerrücken nämlich ausreichend angehoben, wird der Schlammfilm weggedrückt. Der Anschliff entlang der späteren Schneide muß gleichmäßig sein. Wenn ein feiner Grat zu fühlen ist, kann man den Schleifgang abschließen. Ob man sich getäuscht hat – der Schliff ist nicht leicht einzuschätzen –, stellt sich beim Abziehen heraus.

Bei Bedarf kann man generell oder stellenweise nachschleifen. Die meisten Schnitzmesser haben

Bild 9: Naßschleifen eines Schnitzmessers

eine lange Schneide. Sie wird nur bei selten auftretenden Arbeitsgängen auf ganzer Länge geschärft. Meist genügt es, wenn die Messerspitze und noch etwa 1 cm Schneidenlänge auf das feinste geschärft sind. Zum »mühelosen Abziehen« wird eine gummigebundene Scheibe empfohlen. Man sollte sie nicht einsetzen, denn diese schnellaufende Scheibe erhitzt Stähle schneller als die um vieles gröberen Schleifsteine **(10)**.

Bild 10: Nicht empfehlenswert: das Abziehen des Ballens mit der Gummischeibe

Was heißt »Schärfe«?

Eine scharfe Stahlschneide entsteht auf folgende Weise: Zwei Flächen laufen im spitzen Winkel aufeinander zu **(11)**. Wo sie einander berühren, ist die Schneide. Theoretisch hat diese Schneide nur eine Dimension, die Länge. Die Breite ist nach den gedachten Regeln der Geometrie gleich null. Tatsächlich aber kann sie nicht schmaler sein, als ein Molekül des Stahls. Hartmetallschneiden werden zum Beispiel nie richtig »giftig« scharf, denn die Korngröße des Materials begrenzt das Maß der Schneidenbreite. Gute Stahlschneiden können allerdings sehr weitgehend in die Idealform gebracht werden. Das geschieht mit feinen und feinsten Schleifmitteln. Beim Schleifen wird von der Fase (dem »Ballen«) des Werkzeugs Material abgetragen **(12)**. Die Schleifscheibe kann keine glatte Fläche erzeugen, denn die Körner schleifen »Rinnen« in die Stahloberfläche; sie sind mit bloßem Auge gut zu sehen. Wenn die Fase soweit angeschliffen ist, daß sich ein beinahe idealer Zustand einstellen müßte, hindern »Stege« zwischen den »Rinnen« das abgetragene Material am Abfallen – ein Grat entsteht. Es ist nicht damit getan, mit dem Abziehstein diesen Grat zu entfernen. Vielmehr muß die rauhe Fläche mit Abziehsteinen geglättet werden. Dabei werden die Stege so weit abgetragen, bis der Grund der »Rinnen« erreicht ist. Mechaniker sagen im Fachjargon, es sei eine Fläche geringer Rauhtiefe geschaffen worden.

Natürlich hinterläßt der Abziehstein wieder »Rinnen«, die weniger tief sind – entsprechend seiner

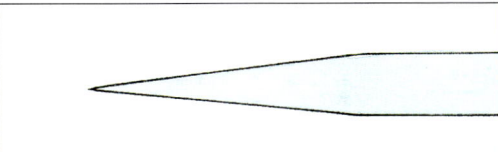

Bild 11: Das ist die »Schneide«

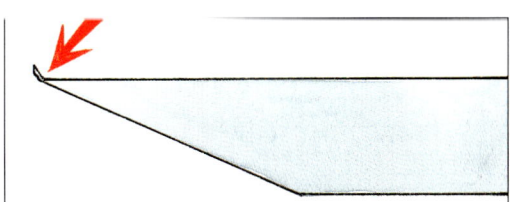

Bild 12: So stellt sich nach beendetem Schleifvorgang der Grat dar

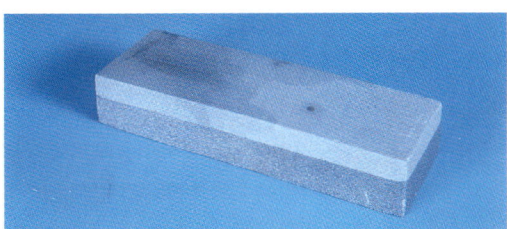

Bild 13: Verbund-Abziehstein

geringeren Korngröße. Je kleiner jedoch die Körner, desto geringer die Schleifleistung, und um so mehr Geduld ist aufzuwenden. Am schnellsten kommt man beim Abziehen voran, wenn man feine bis feinste Körnungen verwendet. Solche Steine gibt es als Verbundstein: eine Seite grob, die andere fein **(13)**. Gute Leistungen bei fein-

Bild 14: Der »Belgische Brocken«

Das Abziehen der Schneiden mit dem Stein

stem – mit bloßem Auge nicht sichtbarem – Korn erbringen Natursteine wie der »Belgische Brokken« **(14)** oder der »Arkansas«. Solche Steine sind sehr teuer und oft schwer zu beschaffen. Erschwinglich sind kleine Stücke – etwa vom »Arkansas«. Sie lassen sich allerdings schlecht handhaben: Wenn man abrutscht, kann man sich am scharfen Werkzeug verletzen!

Die Spiegelseite der Eisen wird nicht aufgerauht, sondern mit feinsten Steinen abgezogen. Dabei ist mit wenigen Bewegungen der Grat zu entfernen, mehrmals, weil er sich eventuell bei jedem Seitenwechsel umlegt. Es bereitet einige Mühe, beim Hohleisen der Fase zu folgen, die ja die Form einer Kegelmantelfläche hat. Die gebräuchliche kreisende Bewegung mit dem Stein ist beim Hohleisen nicht einzuhalten. So schlimm ist dies freilich nicht, Hauptsache, man streicht nicht gegen die Schneide. Die abgezogene Fläche – sie ist entlang der Schneide wenigstens 2 mm breit – muß ganz glatt sein, man darf auf ihr keinerlei Riefen sehen.
Für die Spiegel der Hohleisen und Geißfüße braucht man Profilsteine, zum Beispiel die vom Werkzeugmacher so genannten »Schmirgelfeilen«. Es genügen ein Dreikantstein und ein bis zwei runde oder halbrunde Steine für mehr oder weniger tiefe Hohlkehlen **(15)**. Man drückt das

Bild 15: Ein Hohlmeißel wird mit der Halbrund-Schmirgelfeile innen am Spiegel abgezogen. Dazu: Dreikant-Schmirgelfeile (für Geißfüße), Verbundstein, Ölkanne

Bild 16: Am Hohlbeitel wird der Ballen mit dem Verbundstein abgezogen

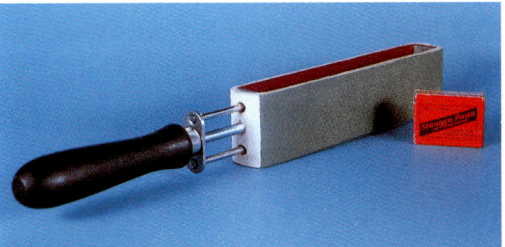

Bild 17: Streichriemen und Polierpaste

Werkzeug bequemerweise gegen den Absatz des Schnitzbocks und bearbeitet abwechselnd den Spiegel oder die Fase mit dem Verbundstein **(16)**.

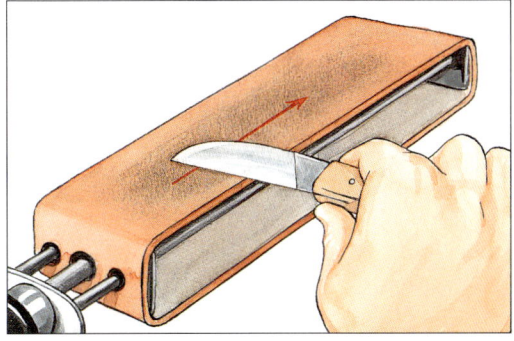

Bild 18: Abziehen: Strich nach rechts

Das Abziehen mit dem Streichriemen

Die allerfeinste Schneide an Schnitzmessern bekommt man, wenn man nach dem Abziehen mit dem Stein die Schneide mit einem Streichriemen bearbeitet, auf den Schleifpaste aufgetragen ist. Der Arbeitsgang ähnelt der Prozedur, mit der früher die Friseure ihre Rasiermesser zu schärfen pflegten. Ein einfacher Lederriemen wird mit einem Ende an der Wand befestigt, dann mit der linken Hand erfaßt und gespannt. Vorteilhafter verwendet man Schleifpaste und ein Profigerät **(17)**, wie es vom Großhandel für das Friseurhandwerk geführt wird. Der abgebildete Streichriemenhalter trägt auf beiden Seite je eine Lederbespannung (eine davon präpariert und hauchfein aufgerauht). Auch die Schleifpaste besteht aus zwei Brocken verschiedener Körnung.

Das Abziehen geschieht so, daß man das Messer auf den Riemen drückt und – Messerrücken voraus – einen kräftigen Strich macht **(18)**. Dann dreht man das Messer über den Rücken **(19)** um 180° und streicht nach links **(20)**. Es muß genügen, diesen Vorgang etwa fünf bis zehn Male zu

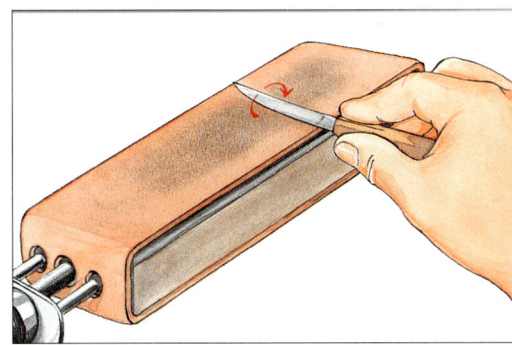

Bild 19: Über den Messerrücken drehen

Bild 20: Strich nach links

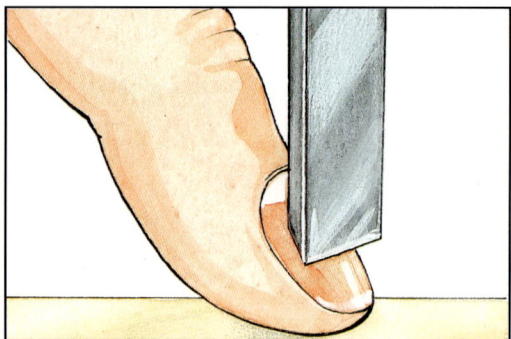

Bild 21: Schärfeprobe

wiederholen, je nach Härte des Stahls. Eine recht gute Prüfung der Schärfe kann dadurch geschehen, daß man die Eisenschneide **(21)** oder die Messerschneide steil auf den Daumennagel setzt. Sie dürfen nicht abrutschen.

Man wird als Anfänger feststellen, daß nach mehrmaligem Schärfen das Werkzeug eines Tages besonders leicht und glatt schneidet. Von da an wird man nicht mehr einfach mit »scharf« zufrieden sein, sondern natürlich versuchen, die »Superschärfe« wieder zu erreichen.

Abziehsteine und Streichriemen sollten immer griffbereit sein; es erleichtert die Arbeit ungemein, wenn man zwischendurch immer wieder kurz abzieht. Bei geringer Abnutzung der Schneide wird man nicht maschinell schleifen; anders sieht die Sache aus, wenn nach häufigem Abziehen die Schneide ihr Profil verloren hat und dieses durch Abtragen von mehr Stahl wieder rekonstruiert werden muß.

Ornamente, Verzierungen und Schriften

In Kerbschnitztechnik entstehen flache Verzierungen, deren Reiz im Spiel von Licht und Schatten liegt. Der Arbeits- und Kraftaufwand ist gering. Es wird meist ohne Klüpfel gearbeitet – eine leise Liebhaberei, der man auch dann nachgehen kann, wenn Krach unerwünscht ist, zum Beispiel am späten Abend. Es entstehen nur wenige kleine Holzspäne, so daß nichts dagegen spricht, sich damit behaglich am Küchentisch niederzulassen. Als Kerbschnitzerei muß man alle Arbeiten bezeichnen, bei denen oberflächlich (nicht sehr tief) Verzierungen oder Bilder ins Holz geschnitten werden. Im engeren Sinne bezeichnet Kerbschnitzen die skandinavische – vor allem finnische – Volkskunst. Dabei ist viel vom sogenannten »Dreischnitt« die Rede, damit ist eine einfache Pyramide mit dreieckiger Grundfläche gemeint, die mit drei Messerschnitten aus der Holzoberfläche geschnitten wird (1). Sparsam verwendet, kann das eine ganz nette Verzierung sein. Ob man aber Gebrauchsgegenstände mit Dreiecksmustern überzieht, das ist Geschmacksache. Schnitztechnisch bietet ein Dreiecksmuster keine großen Schwierigkeiten; es ist ziemlich langweilig, endlose Muster mit immer den gleichen Schnitten zu machen. Das Aufzeichnen der Dreiecke mit der nötigen Genauigkeit ist zeitaufwendiger als das eigentliche Schnitzen.

Der Kerzenleuchter

Für dieses Modell **(2)** brauchen wir einen längeren Klotz quadratischen Querschnitts (5 x 5 cm bis 6 x 6 cm). Darin verläuft die Holzmaserung senkrecht – alle vier Seitenverzierungen sind in Langholz zu schnitzen. Dagegen würde ein Brett als Rohmaterial zwei fürs Schnitzen ungünstige Hirnholzseiten bieten **(3)**.

Der Klotz sollte eine Länge von 10 bis 15 cm haben, weil er sich beim Arbeiten dann leichter handhaben läßt. Zum Aufspannen brauchen wir zwei Zwingen und einen Hilfsklotz **(4)**. Im nächsten Arbeitsgang stechen wir mit einem nicht zu großen geraden Eisen Fasen an **(5)**. Auf der quadratischen Hirnholzfläche reißen wir mit dem Bleistift die beiden Diagonalen an; ihr Kreuzungspunkt ist das Zentrum für die Kerzenbohrung. Wir stechen mit einem schmalen, flachen Hohleisen Kerbe neben Kerbe von den Fasen aus nach innen, immer bis zur angezeichneten Diagonale **(6)**.

Die Dreischnitt-Verzierung rundherum müssen wir mit Maßstab, Winkelmesser und spitzem Bleistift anreißen. Zum Schneiden stützen wir die Hand auf einen Klotz von gleicher Dicke wie das Werkstück **(7)**.

Jeder Schnitt des Dreischnitts ist eigentlich mehr ein Eindrücken der – sehr scharfen und dünnen –

Bild 2: Der fertige Kerzenleuchter

Messerspitze **(8)**. Man arbeitet so, daß man alle parallelen Schnitte einer Reihe nacheinander einkerbt; die in zwei Ebenen schräge Haltung des Messers kann dann leicht beibehalten werden. Nach entsprechender Drehung des Werkstücks kommt die Schar der zweiten Schnitte an die Reihe. Bei den im dritten Arbeitsgang auszuführenden Schnitten springt das pyramidenförmige Holzstückchen heraus **(1)**, und es zeigt sich, ob hier und da noch ein korrigierender Schnitt gemacht werden muß.

Bild 1: Der Dreischnitt

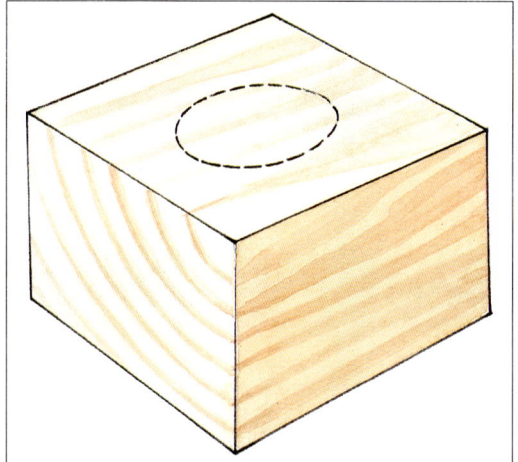

Bild 3: Dieser Holzzuschnitt ist ungeeignet

Bild 5: Anfasen mit dem geraden Eisen

Bild 4: So wird der Klotz aufgespannt

Bild 6: Hirnholzverzierung

Die beiden Langkerben über und unter der Drei-schnittleiste **(1)** lassen sich am besten entlang eines mit einer kleinen Zwinge aufgespannten Lineals ausführen. Entweder nimmt man dazu das gleiche Messer wie für die Dreischnitte (und muß für den jeweils zweiten Schnitt das Lineal umspannen), oder man kerbt am Lineal entlang mit einem kleinen »Geißfuß«.

Den Kerzenleuchter lassen wir uns am besten von einem Schreiner absägen. Der macht das im Nu und ganz exakt. Da bleibt kaum Nacharbeit. Dann kommt das Loch für die Kerze an die Reihe. Entweder macht uns auch das der Schreiner, oder wir bohren, wie im Kapitel »Einfache Haushalts-gegenstände« beim Modell »Schaufel« gezeigt.

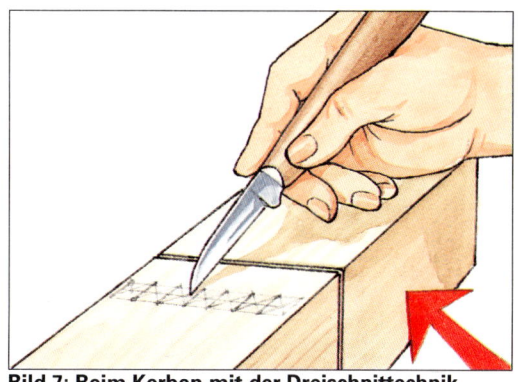

Bild 7: Beim Kerben mit der Dreischnittechnik wird die rechte Hand abgestützt

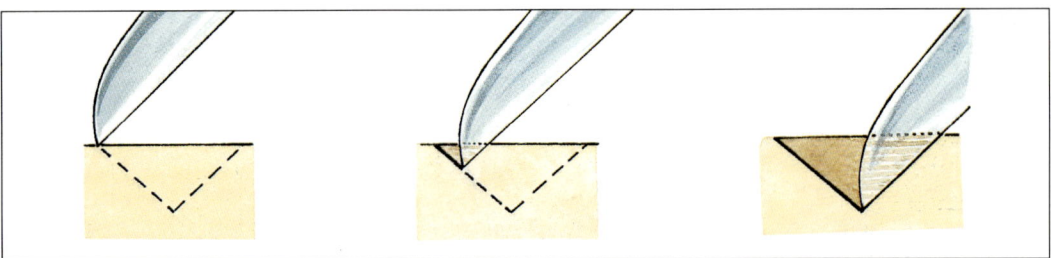

Bild 8: So entstehen die Schnitte beim Dreischnitt

Bild 9: Verschiedene Dreischnittmuster, konstruiert auf »Kästchenpapier«; die geschnittene Form ist dunkel hervorgehoben

Die Rosette

Ganz reizvoll kann eine Rosette in der Mitte eines Schatullendeckels wirken. Die abgebildete Variante **(10)** ist sehr flach zu schneiden, das Messer kann wegen der geringen Schnittiefe ohne großen Kraftaufwand geführt werden. Beim Zeichnen mit dem Zirkel nimmt man am besten nicht den Teilkreis mit dem richtigen kleinen Durchmesser, sondern wählt einen Hilfskreis zum Einteilen, der so groß sein kann, wie es die Abmessungen des Werkstücks zulassen. Dadurch werden Ungenauigkeiten verringert **(11 bis 14)**.
Die ersten Schnitte folgen dem Kreisbogen. Sie erreichen, ähnlich wie beim Dreischnitt, anfangs die ganze Tiefe und laufen zum Schluß auf null *(Fortsetzung Seite 32)*

Bild 10: Fertige Rosette

Bild 11: Am Kreis entlang schneiden

Bild 13: … dann breiter und …

Bild 12: Die flachen Schnitte zuerst schmal, …

Bild 14: … tiefer abheben

Bild 15: Verschiedene Rosetten

Bild 16: Vorlagen für Tierbilder (Kapitel »Tierbilder auf Vesperbrettchen«, Seite 32)

aus. Der zweite Schnitt wird ebenso ausgeführt, er sollte allerdings in Zentrumsnähe kaum ins Holz eindringen **(11)**. Die Lamellen werden in drei Arbeitsschritten angehoben **(12, 13, 14)**. Die entsprechenden Schnitte müssen sauber ausgeführt werden, denn sie entscheiden über das gute Aussehen der Verzierungen: Aufpassen, denn die Winkel zur Holzrichtung können zwischen den Extremen »parallel zur Faser« und »quer zur Faser« alle Werte annehmen.

Für gekerbte Rosetten gibt es natürlich eine unbegrenzte Anzahl von Möglichkeiten. Einige Rosetten, die im Dreischnittverfahren hergestellt werden, stellen wir Ihnen hier vor **(15)**.

Tierbilder auf Vesperbrettchen

Diese Arbeiten sind handwerklich vergleichsweise einfach, und die mit geschnitzten Bildern verzierten Brettchen bereiten Kindern Freude **(16, 17)**. Die Bilder sollen klare Konturen aufweisen. Zum Durchpausen kleben wir den Zeichnungsausschnitt mit Klebefilm auf, nachdem wir die kleine Zeichnung ansprechend plaziert haben. So können wir das Blättchen anheben und Kohlepapier darunterschieben **(18)**.

Zum Ausschneiden diente hier ein kleiner »Geißfuß« **(19)**. Am Span, der in die »Geißfußkerbe« rollt, sehen wir, ob wir eine gleichmäßige Schnitztiefe einhalten. Droht der Span breiter zu werden, müssen wir das Beitelheft senken – flacher schneiden.

Zu schmal gewordene Linien lassen sich leicht nachschneiden, das Heft wird dann entsprechend angehoben. Um den Vortrieb des Beitels zu bewerkstelligen, ist bei so kleinen Spänen der Klüpfel fehl am Platze. Besser ist, nur mit der Hand zu schieben und dabei den Beitel ganz wenig hin und her zu drehen, ganz so, als ob man mit einer Ahle ein Loch stechen wollte. Wenn man mit einiger Kraft sticht und der Beitel plötzlich in eine Zone weicheren Holzes gerät, sind Ausrutscher kaum zu vermeiden.

Wenn sie nicht tief sind (weil man schnell reagiert und den Beitel gesenkt hat), lassen sie sich durch Schaben unsichtbar machen **(20)**. Man nimmt dazu einen schmalen geraden Schnitzbeitel und hält ihn sehr steil.

Bild 17: Vesperbrettchen mit Tiermotiven

Bild 18: Die Vorlagen einseitig festkleben

Bild 19: Tierbilder: Die Konturen werden mit einem kleinen »Geißfuß« ausgestochen

Bild 20: »Ausrutscher« lassen sich durch Schaben entfernen

Schriften

Die Schwierigkeitsgrade für das Kerbschnitzen von Schriften reichen von »einfach« bis »schwierig und zeitaufwendig«, je nachdem, welchen Schrifttyp man verwirklichen will. Streng eckig und parallel gestaltete Schriftbalken lassen jede kleine Abweichung erkennen. Nur eine ganz exakte Ausführung, die dem Anfänger meist erst nach längerem Üben gelingt, sieht hier gut aus. Leichter zu schnitzen sind sogenannte Groteskschriften, wie die auf Bild **21** gezeigte, bei denen sich die »Balken der Buchstaben« zu »Füßchen« (angedeutete Antiqua) verbreitern.

Durch die zum Stil gehörenden Unregelmäßigkeiten fallen kleine »Ausrutscher« nicht auf. Diese Schrift wird fast ganz mit dem »Geißfuß« ausgestochen **(22)**, nur die Enden der »Balken« werden mit dem Messer geschnitten **(23)**. Die Schnitttechnik ähnelt der des »Dreischnitts«.

Man sieht auf Bild **24**, daß die Vorlage mit Klebefilm gestückelt ist. Für das Aufzeichnen von Wör

Bild 22: Die Balken sticht man mit dem »Geißfuß« in zwei bis drei Arbeitsgängen

Bild 23: Die Balkenenden werden mit dem Messer beschnitten

tern aus einzelnen Buchstaben gibt es eine Reihe von Regeln, doch entscheidet über die Breite der Zwischenräume allein der Gesamteindruck. Wenn es notwendig ist, zerschneidet man das Schriftband und fügt die einzelnen Buchstaben mit verändertem Abstand erneut zusammen. Erhabene Schriften **(25)** sind einerseits leichter

Bild 21: Diese Schrift verlangt nicht unbedingt die höchste Präzision

Bild 24: Die richtigen Abstände zwischen den Buchstaben sorgen für eine gute Wirkung

Bild 25: Erhabene Antiqua: Die Schrift wurde »aufgepaust«

auszuschneiden als eingekerbte, andererseits erschweren sie das gleichmäßige und glatte Ausheben des Grundes. Man braucht (selbst zurechtgeschliffene) schmale und schmalste gerade Eisen, um zum Beispiel in die spitzen Ecken des »M« zu kommen. Vorgeschnitten wird mit möglichst breiten geraden Eisen und mit an die Rundung des Werkstückes angepaßten Hohlbeiteln **(26)**. Zur Nacharbeit verwendet man ein Messer **(27)**.

Beim gezeigten Muster gab es eine zusätzliche Schwierigkeit – die nicht ganz glückliche Auswahl der Holzart Kiefer. Obwohl wir ein recht feinjähriges Brett ausgesucht hatten, hat sich der Wechsel zwischen harten und weichen Jahresringen arbeitserschwerend ausgewirkt.

Die Bilder **28** bis **32** zeigen Ihnen weitere Beispiele für attraktive Arbeiten in Kerbschnitztechnik.

Bild 27: Die Bogen können auch mit dem Messer eingeschnitten werden

Bild 26: Das Hohleisen sollte zum Radius des Buchstabens passen

Bild 28: Kerbschnitzarbeit zur Verzierung einer Truhe (Alfred Kaufhold)

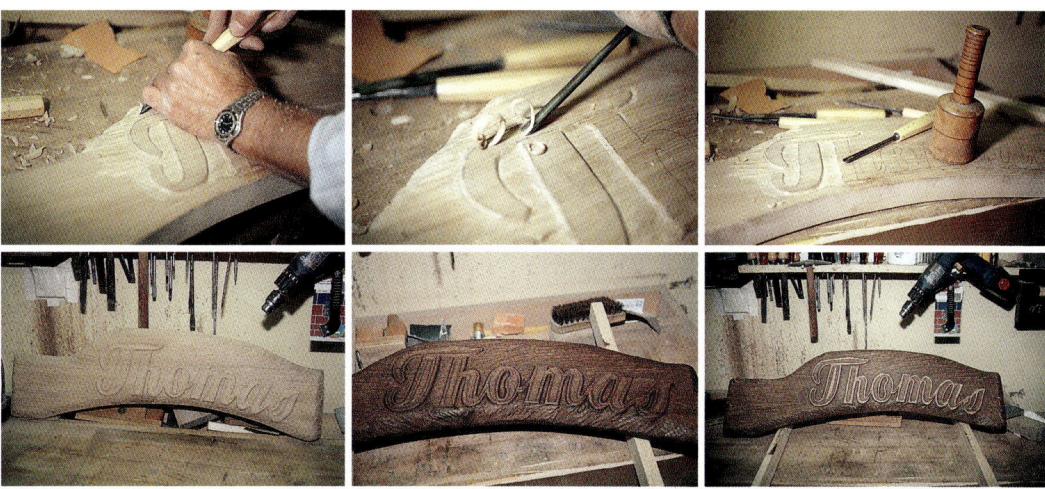

Bild 29: Türgriff mit Namenszug, gestaltet und geschnitzt von Alfred Kaufhold

Bild 30: Ein Gedenkteller (Alfred Kaufhold)

Bild 31: Wappen (Alfred Kaufhold)

Bild 32: Geschnitzte Kultfigur der neuseeländischen Maori

Einfache Haushaltsgegenstände

Früher schnitzten die Leute nicht um der Liebhaberei willen, sondern um auf preiswerte Weise zu einfachen, kleinen Haushaltsgegenständen zu kommen, die man entweder in der Familie nutzte oder auf dem Markt beziehungsweise über den Hausierhandel verkaufte. Wer zu diesem Zwecke schnitzte, der bevorzugte dafür die langen Winterabende.

Unsere Modelle »Schaufel« und »Schale« stehen in dieser Tradition. Sie wirken schlicht – unterschätzen Sie aber den handwerklichen Schwierigkeitsgrad und den Arbeitsaufwand nicht! Die beiden Modelle bieten Ihnen eine gute Gelegenheit, Grundfertigkeiten des Schnitzens zu üben, die

Ihnen bei schwierigeren Werkstücken dann zugute kommen.

Kehren wir nochmals zum Werkstoff zurück: In vorindustrieller Zeit bestanden Eßgeschirre und Bestecke der einfachen Leute überwiegend aus Holz. Wir fragen uns heute, wie es dabei um die Hygiene bestellt gewesen sein mag, denn hölzerne Löffel, Teller und Schneidebretter verlieren beim täglichen Gebrauch ja recht schnell ihr appetitliches Aussehen. Neuere Untersuchungen haben allerdings gezeigt, daß hölzerne Schneidebretter den Schneideplatten aus Kunststoff hygienisch überlegen sind: Auf Holzbrettern halten sich weniger Keime.

Die Schaufel

Unsere geschnitzte Schaufel – eine reizvolle Arbeit mit hohem Übungswert – läßt sich zum Umfüllen von Nahrungsmitteln wie Mehl oder Müssliflocken ohne weiteres verwenden.

Vorüberlegungen

Ein Linden- oder Ahornholzklotz mit den Abmessungen 22 x 6 x 4,5 cm ist das Ausgangsmaterial. Wir entscheiden zunächst über die Seite, auf der wir den Stiel der Schaufel anbringen wollen: Die Schaufelhöhlung ist leichter zu glätten, wenn von außen nach innen gestochen werden kann, und das darf nicht »gegen das Holz« gehen. Dabei stechen wir mit einem Hohlbeitel zwei Rinnen in entgegengesetzte Richtungen **(1)**.
Bei unserer eigenen Arbeit (siehe Bilder) stellten wir fest, daß die Rinne im Bildhintergrund glatter wurde als die andere. Es war also richtig, den Stiel für die rechte Seite des Klotzes vorzusehen. Die Teile, die vom Klotz weggenommen werden sol-

Bild 1: Der Faserverlauf wird ermittelt

len, zeichnet man freihändig mit einem Bleistift aufs Holz **(2)**. Bei unserem Modell führte ein kleiner, aber nicht durchgehender Ast in die tiefe Aushöhlung; wir hatten die Chance, daß er beim Aushöhlen weggeschnitten würde. Sollten Sie bei Ihrer Arbeit einen solchen Ast nicht wegschneiden können – kleine Holzfehler kann man bei einem Naturmaterial tolerieren.

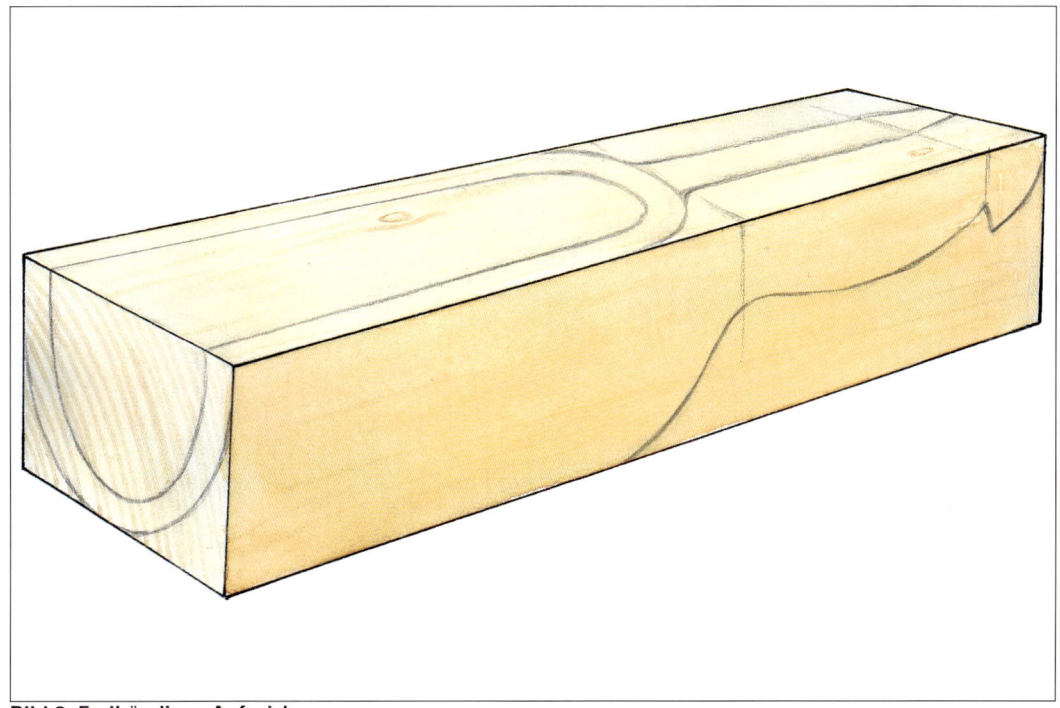

Bild 2: Freihändiges Aufzeichnen

Die Höhlung ausbohren

Es erleichtert die Arbeit ungemein, wenn Sie die Holzmasse, die Sie ausstemmen müßten, statt dessen ausbohren. Die Bohrtiefe wird nach Augenschein **(3, 4)** eingestellt. Mit dem gleichen Bohrer lassen sich die Innenradien am Stielansatz bohren. Hier muß der Bohrer natürlich ganz durchbohren, und wir brauchen ein Unterlegbrettchen. Nach diesem Arbeitsgang bekommen Sie ein Werkstück, wie auf Bild **5** dargestellt. Noch läßt es sich problemlos aufspannen, deshalb sägen wir jetzt mit der Stichsäge gleich den Stiel aus **(6, 7)**. Zum Aushauen der Höhlung ist ein nicht zu breiter Hohlbeitel richtig **(8)**. Der vorgespannte Klotz (links im Bild) unterstützt die Befestigung mit der Zwinge (rechts), die nicht zu stark angezogen werden darf, weil der Stiel sehr schmal ist.

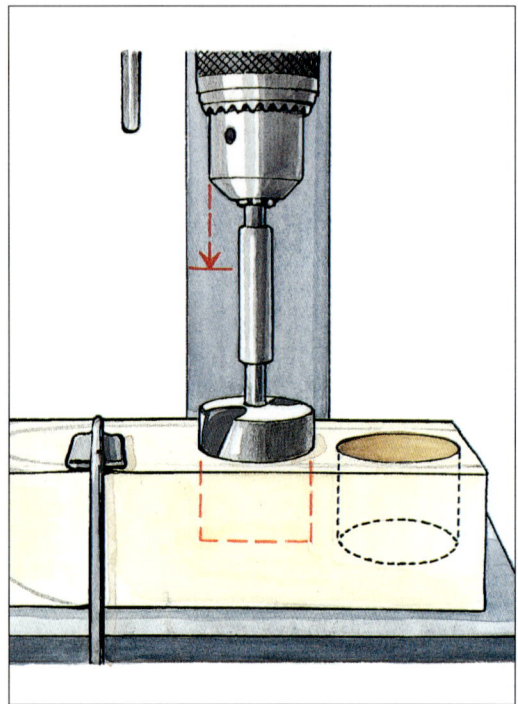

Bild 3: Die Bohrtiefe wird nach Augenschein eingestellt

Bild 4: Der Innenradius wird ausgebohrt

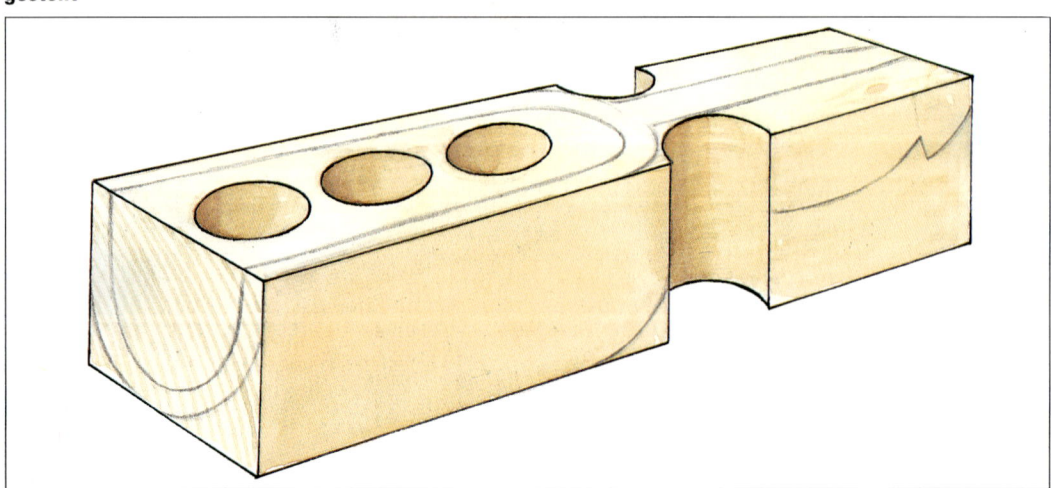

Bild 5: Der Klotz nach Ende der Bohrarbeiten

Bild 6: Aussägen des Stiels

Bild 8: Der Klotz (links) unterstützt die Aufspannung

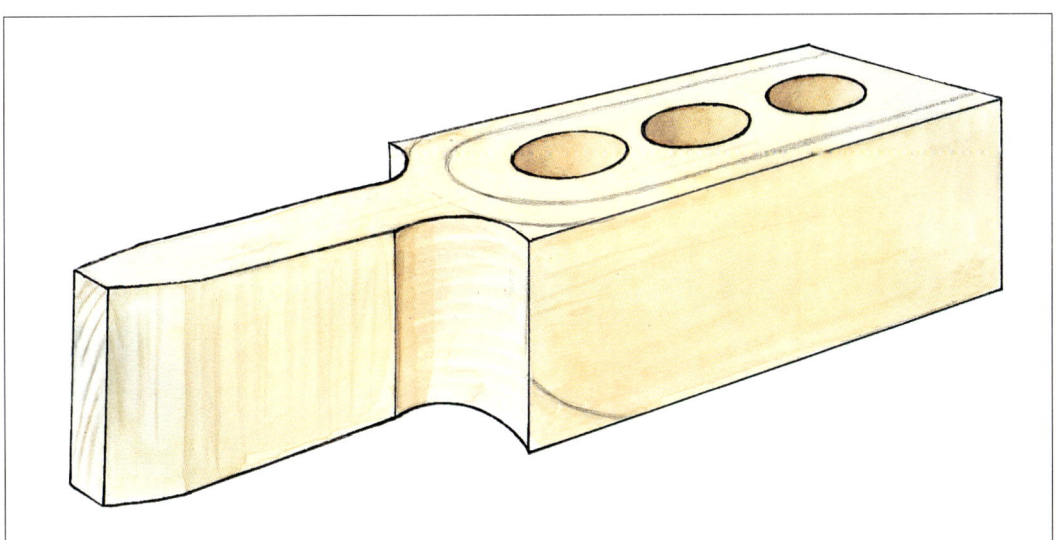

Bild 7: Fertig zum Schnitzen

Tips zum Schnitzen der Höhlung

Am schwersten zu bewältigen ist der Übergang der Hinterwand zum Boden. Hier stechen wir mal von oben her und mal vom Grund aus, immer diktiert vom eventuell wechselnden Faserverlauf. Wir dürfen keine tiefen Einrisse produzieren. Die Verwendung eines gekröpften Hohlbeitels – mindestens zwischendurch – kann helfen. Die letzten Stiche sollen den Anriß erreichen und möglichst ein gleichmäßiges Oberflächenbild hinterlassen **(9, 10)**.

Für die Weiterarbeit an der halbrunden Höhlung ist ein schmales gerades Eisen ebensogut geeignet wie ein Hohlbeitel **(11)**. Die letzten Späne schneiden wir allerdings mit dem breitesten Hohlbeitel, der bestmöglich zur vorgezeichneten Rundung passen sollte.

Bild 9: Die am Schluß verbleibenden feinen Späne werden gestochen, nicht gehauen

Bild 12: Hier geht es »mit dem Holz«

Bild 10: Es soll ein gleichmäßiges Oberflächenbild entstehen

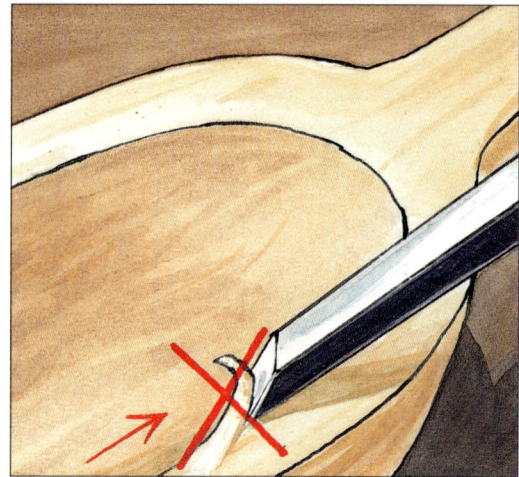

Bild 13: Vorsicht! Hier geht es »gegen das Holz«

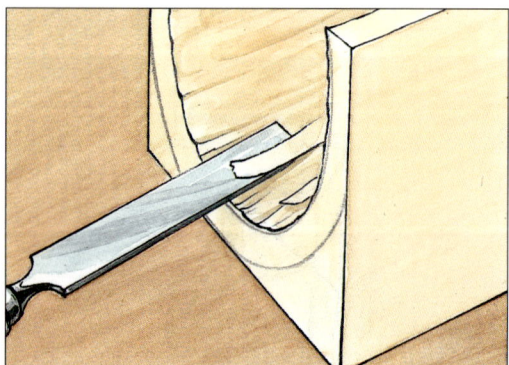

Bild 11: Zum Ausheben des Grundes eignet sich ein schmales gerades Eisen

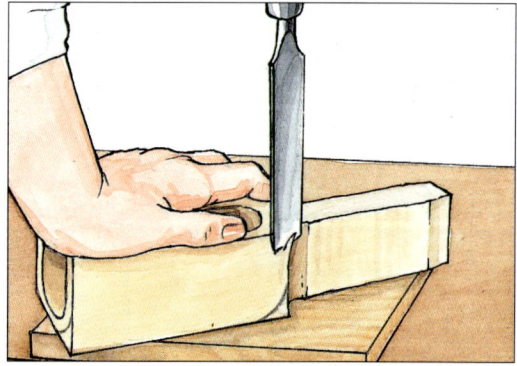

Bild 14: Mit vorsichtigem Spanabhub nach und nach die Rundung ausstechen

Besonders am oberen Rand muß mit Umsicht vorgegangen werden. Während ein Span **(12)** problemlos weiter abzuheben ist, muß man beim anderen **(13)** sofort aufhören und von der anderen Richtung her arbeiten.

Ein breites, schweres Stecheisen dient zum Abrunden der Ecken, die der Bohrer stehen ließ. Schälen Sie dünne Späne ab, wenn Sie von oben her Span neben Span herausarbeiten **(14)**.

Zwischen Schaufel und Stielhaken

Spannen Sie jetzt das Werkstück mit der Höhlung nach unten auf **(15)**, und stemmen Sie das Material zwischen Schaufel und Stielhaken aus **(16)**. Dabei darf waagerecht kein Span ausgehoben werden, der nicht zuvor durch zwei senkrechte Hiebe freigelegt wurde. Es ist vorsichtig zu arbeiten, so daß nicht etwa der Haken durch die Keilwirkung der Stecheisenschneide nach links abgesprengt wird **(17)**. Mit dem gleichen Werkzeug und mit gleicher Aufspannung runden Sie den Schippenkörper ab **(18)** und prüfen zwischendurch mit Daumen und Zeigefinger **(19)** die Wandstärke (Bilder auf Seite 42).

Bild 15: Noch läßt sich der Klotz problemlos aufspannen ▼

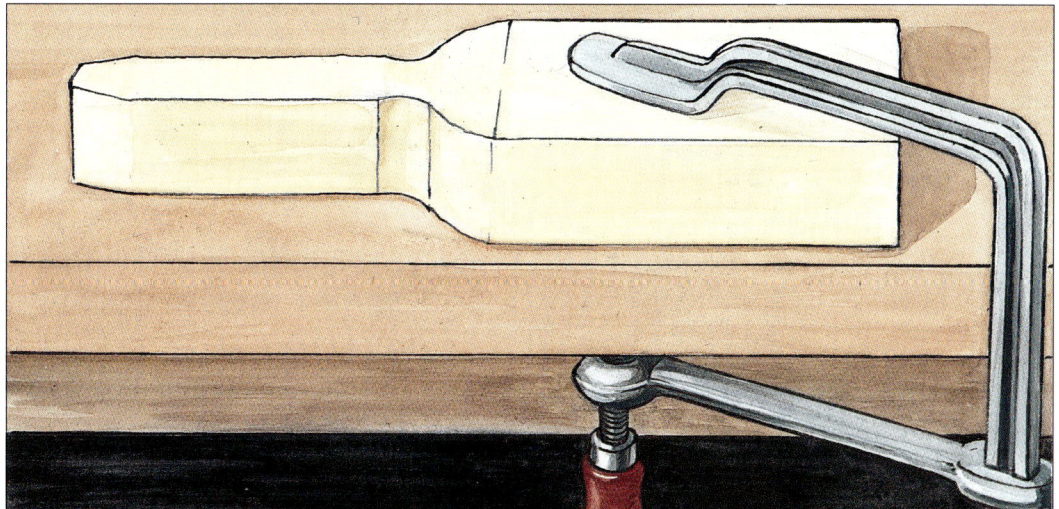

Bild 16: Der Stiel wird ausgestemmt

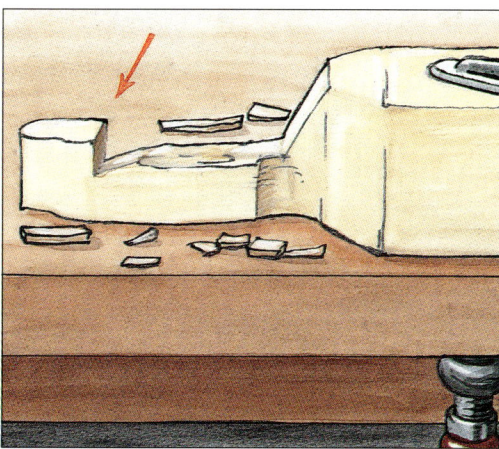

Bild 17: Vorsicht: Haken (links) nicht absprengen

Bild 18: Die äußere Rundung ist angestochen

Bild 20: So wird die Schaufelrundung angestochen

Bild 19: Mit Daumen und Zeigefinger die Wandstärke prüfen

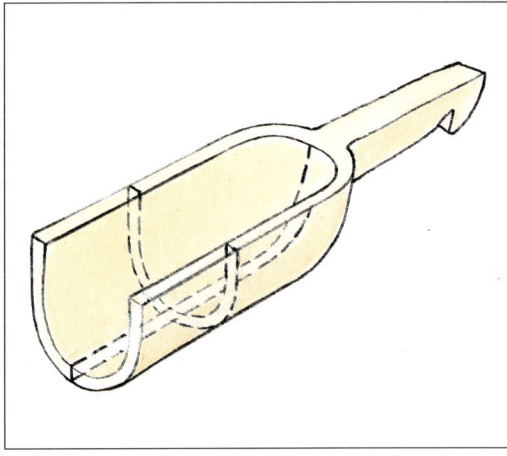

Bild 21: Wünschenswert: gleiche Wandstärke

Abrunden der Schaufel

Stellen Sie das Werkstück beim Arbeitsgang »Abrunden der Schaufel in Längsrichtung« auf ein Brettchen – so bleibt der Werktisch unbeschädigt **(20)**. Halten Sie mit der linken Hand die Schaufel am Stiel, und stechen Sie dünne Späne von oben nach unten ab, bis gleichmäßige Rundungen entstanden sind **(21)**. Mit gleicher Werkstückhaltung und Werkzeugführung wird die Schaufel vorn angeschärft **(22)**.

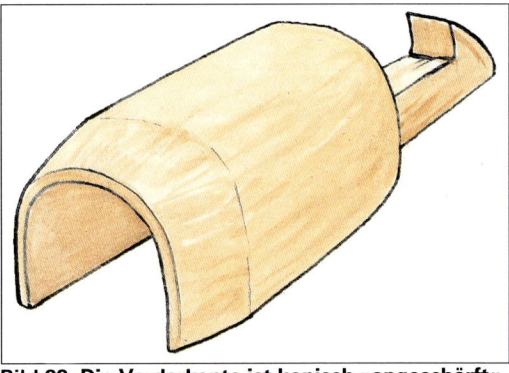

Bild 22: Die Vorderkante ist konisch »angeschärft«

Spannen Sie nun die Schaufel mit geringem Druck wieder auf. Damit sie trotzdem genügend fest sitzt, sollten Sie ein Brettchen davorspannen **(23)**. Jetzt werden die Übergänge zwischen den Rundungen in Form von Achtel-Kugelflächen zurechtgestochen **(24)**. Der Stiel wird beidseitig im Bereich des Hakens etwas angespitzt **(25)**.

Alle folgenden Arbeiten werden mit einem schmalen Schnitzmesser, dessen Schneide genügend lang sein sollte, ausgeführt. Dazu muß die Messerschneide auf ganzer Länge einwandfrei geschärft sein. Die Betonung liegt auf »ganzer Länge«, denn bei den früheren Arbeitsgängen, etwa beim Kerben, mußte ja nur die Spitze scharf sein. Prüfen Sie Ihr Schnitzmesser.

Schneiden Sie möglichst nicht gegen den Daumen, wie das immer wieder abgebildet wird, sondern von sich weg.

Mit dem Schnitzmesser werden zuletzt alle Kanten von Schaufel und Stielhaken überarbeitet, das heißt, leicht angefast oder abgerundet **(26)**.

Bild 25: Der Haken wird leicht verjüngt

Bild 26: Zum Rundschnitzen des Stiels wird das Messer verwendet

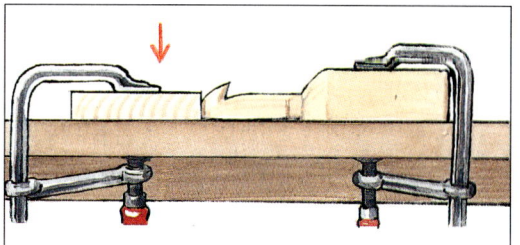

Bild 23: Jetzt darf nicht mehr sehr fest gespannt werden – der Klotz (links) wirkt unterstützend

Bild 24: Anstechen der Kugelform

Die Schale

Wir schnitzen die Schale aus einem Lindenholzklotz. Er sollte nicht zu dünn sein, denn unser Modell braucht Tiefe. Ihren zweiten Versuch können Sie, so der erste gelungen ist, mit Edelholz ausführen; seine lebhafte Maserung erhöht den Schmuckwert der Schale ganz beträchtlich.

Zum Werkstoff noch ein Hinweis: Wenn man sich einer Schnitzarbeit widmen möchte, bei der es nicht auf eine bestimmte Größe der Form ankommt, sollte man die Abmessungen des Werkstücks so festlegen, daß ein vorhandenes Stück aus dem Holzvorrat als Ausgangsmaterial verwendet werden kann. Das ist einfacher und rentabler, als sich eine bestimmte Abmessung des Werkstücks vorzunehmen und dafür das Material in passender Größe zu besorgen.

Wir hatten ein Bohlenstück von länglichem Zuschnitt übrig, und so bot sich für die Form der Schale eine Ellipse an, deren Verhältnis von Länge zu Breite wir so festlegten, daß die einfachen kurzen Griffe, die wir anfügten, das formschöne Äußere des Schnitzwerks unterstützten. Lange oder kurze breite Ellipsen sehen weniger gut aus.

Eine Ellipse konstruieren

Wie man eine Ellipse mit Hilfe zweier Nägel, um die ein Schnurdreieck läuft, auf das Werkstück zeichnet, zeigt Bild **1**. Welches Verfahren wendet man an, wenn für die Ellipse Länge und Breite vorgeschrieben sind?

Zuerst werden in das von der Ellipse auszufüllende Rechteck die beiden Achsen eingezeichnet **(2)**. Dann nimmt man die große Halbachse in den Zirkel **(2)** und schlägt den Bogen wie in Bild **3**. Die Schnittpunkte Achse/Bogen sind die Orte für die Nägel. Nun muß noch die Schnur in der richtigen Länge geknüpft werden **(4)**.

Nachdem das Werkstück mit zwei Schraubzwingen auf den Arbeitstisch gespannt wurde, kann das Aushauen beginnen. Dazu eignet sich am besten ein stabiler, größerer Hohlmeißel, mit dem man auch wuchten darf **(5)**.

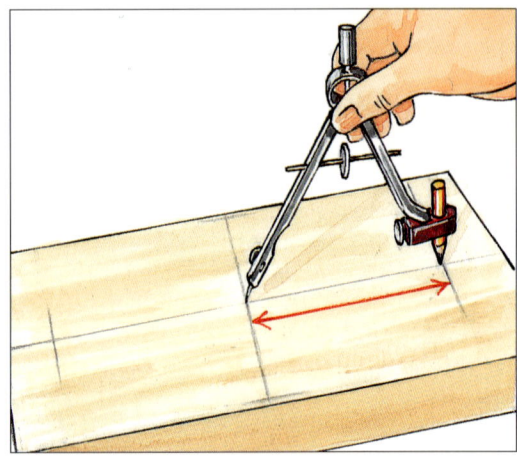

Bild 2: Mit der großen Halbachse…

Bild 3: …den Bogen schlagen

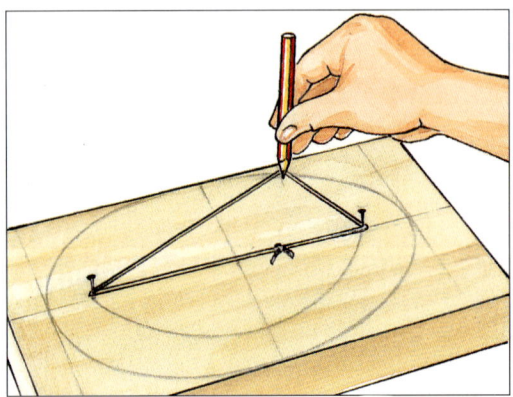

Bild 1: Zwei Nägel – eine Schnur: So zeichnet man eine Ellipse

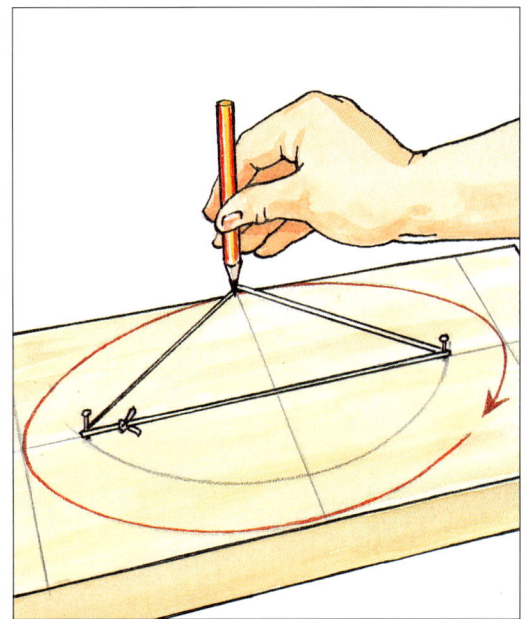

Bild 4: In die Schnittpunkte kommen die Nägel

Ausbohren erspart Mühe

Das Aushauen läßt sich sehr verkürzen und erleichtern, wenn man zuvor den Hauptteil des Materials ausbohrt, wie schon bei der Schaufel gezeigt wurde. Dabei ist vor allem zu beachten, daß man nicht zu nahe am Rand bohrt, denn die Innenwände der Schale sollen schräg werden und die Bohrspuren müssen restlos zu entfernen sein, ohne daß irgendwo die Schalenwandung zu dünn wird. Selten ist die Arbeitsrichtung, in der man ohne Einreißen stemmen oder schneiden kann, so eindeutig vorgegeben wie bei der Schale **(6)**. Folgerichtig ist bei der späteren Außenbearbeitung dann die Stichrichtung genau umgekehrt **(7)**. Besonders im Bereich der Übergänge von schräger Seitenwand zum Boden hat der Einsatz des gekröpften Hohlmeißels Vorteile **(8)** – und das um so mehr, je tiefer eine Schale ist (Seite 46).

Das grobe Vorhauen mit dem schweren Hohlmeißel muß bereits die Fasson der Innenwände ergeben, die Arbeit ist nicht etwa beendet, wenn »das meiste ausgehauen« ist.

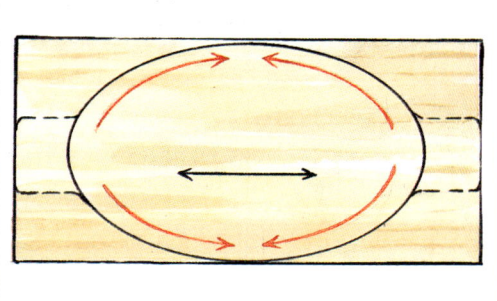

Bild 6: Innen wird immer in Pfeilrichtung gestemmt

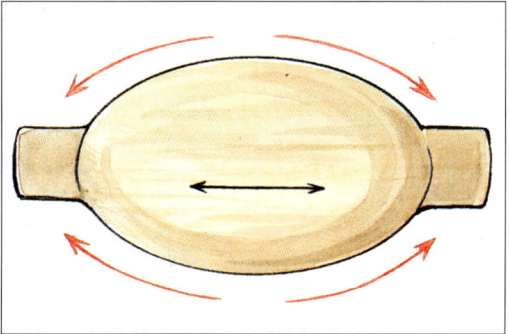

Bild 7: Außen ist die Arbeitsrichtung umgekehrt

Bild 5: Von außen zur Mitte hin ausstemmen

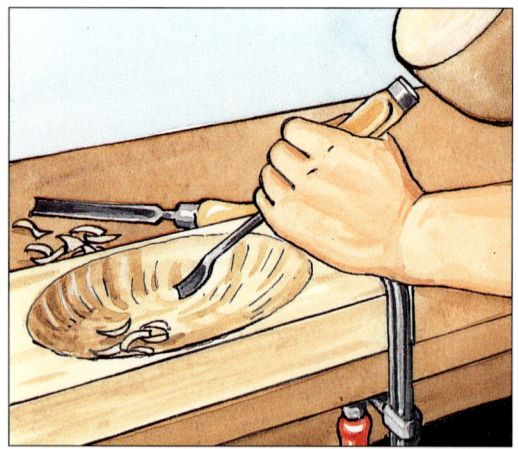

Bild 8: Mit dem gekröpften Hohlmeißel erreicht man den Grund der Höhlung besser als mit dem geraden

Bild 10: Innen ist die Schale fertig

Oberflächen strukturieren

Für die Nacharbeit mit einem schmalen, recht flachen Hohleisen **(9)** darf nicht mehr allzuviel Material übrigbleiben, hier geht es um ein »Glätten«, wobei wir keine glatte Fläche erzeugen wollen, sondern eine gleichmäßig gefurchte Fläche mit regelmäßig verlaufenden Stichspuren. Da liegt sozusagen Hohlkehle an Hohlkehle **(10)**. Solche Oberflächen sind das Charakteristische an Schnitzarbeiten, glatte Flächen könnte man mit geeigneten Fräs- und Schleifmaschinen herstellen, was mit Schnitzen nichts zu tun hätte.

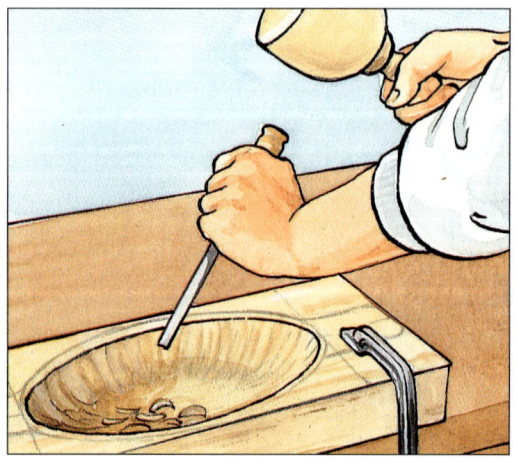

Bild 9: Strukturieren mit dem schmalen Hohlmeißel

Mit Stichsäge und Fuchsschwanz

Zum Aussägen der Außenkontur samt Griffen dient die Stichsäge, wobei das Werkstück mit Hilfe einer größeren Zwinge unter Beilage eines die Höhlung überbrückenden Brettchens auf den Tisch gespannt wird **(11)**. Natürlich läßt sich so immer nur ein Teilstück sägen, dann müssen wir umspannen **(12)**.

Als nächstes muß das Material unter den Griffen »ausgeklinkt« werden. Dazu eignet sich ein Fuchsschwanz oder besser eine Handsäge mit Rücken **(13)**. Wir sägen gleich schräg, das erspart unnötige Mehrarbeit. Ganz wichtig ist dabei, darauf zu achten, daß die Schalenwandung nicht zu dünn wird. Parallel zur Arbeitstischfläche stemmen wir dann grob mit dem breiten geraden Eisen vor, bis die Unterseite der Griffe erreicht ist **(14)**. Werden die schrägen Außenwände vorgesägt, kann man der Schale leicht eine gleichmäßige äußere Form geben. Dazu benutzt man die Stichsäge mit schräg gestelltem Auflagetisch **(15)**. Das Einstellen der Schräge ist etwas heikel. Es empfiehlt sich, an die schräge Innenwand der Schale ein Lineal anzulegen; der angezeigte Winkel wird dann möglichst annähernd auch an der Säge eingestellt. Nach dem Schrägsägen präsentiert sich die Schale, wie auf Bild **16** gezeigt.

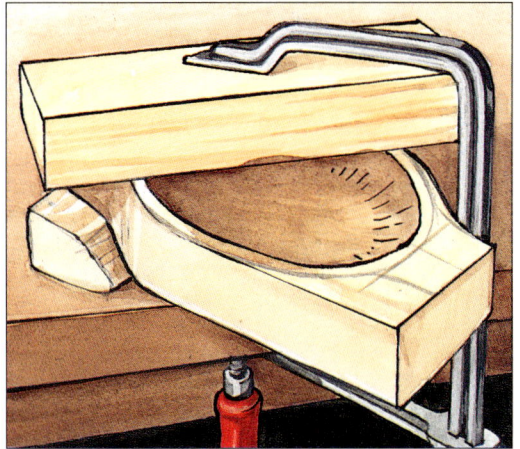

Bild 11: Aufspannen mit Zwinge und Hilfsbrett

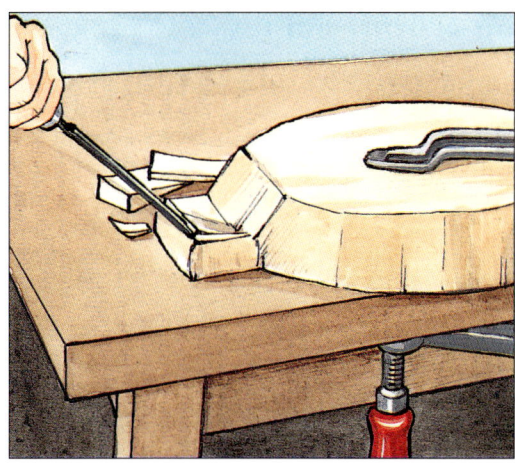

Bild 14: Ausstemmen des vorgesägten Materials

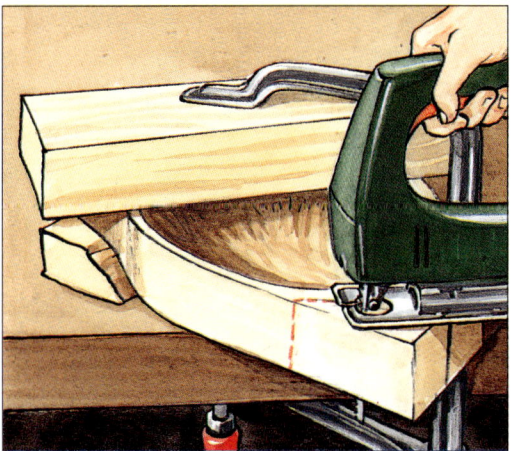

Bild 12: Die Außenkontur wird ausgesägt

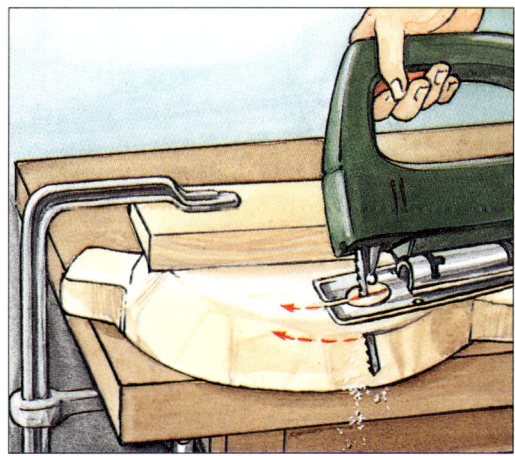

Bild 15: Die Außenwand wird schräg gesägt

Bild 13: »Ausklinken« unter den Griffen

Bild 16: Und so präsentiert sich nun die Schale

Die äußere Form

Als nächstes runden wir die äußeren Stirnseiten der Schale unter den Griffen ab. Die Hauptarbeit übernimmt wieder das schwere gerade Eisen **(17)**. Auch bei diesem Arbeitsgang sollte man soviel Material wie möglich abtragen, damit für das nachfolgende Strukturieren mit dem schmalen flachen Hohlmeißel, mit dem die Spanabnahme ungleich mühevoller ist, nicht zuviel Holz stehen bleibt.

Mit der gleichen Aufspannung können nun nach einmaligem Umdrehen die Übergänge vom Boden zu den abgeschrägten Seiten gerundet werden **(18)**. Wieder kommt dabei das breite gerade Eisen zum Einsatz.

Perfekt auch ohne Hobelbank

Zum endgültigen Bearbeiten der Seitenwände mit dem flachen Hohlmeißel sollte die Schale stehend aufgespannt sein. Das macht man mit einem auf den Arbeitstisch gespannten Holzklotz **(19)**, an dem die Schale mit Schraubzwingen befestigt wird. Das Beilagebrett schützt den Boden vor Druckstellen und verhindert, daß der Boden durch eine Punktbelastung eingedrückt wird, wenn man die Zwinge scharf anzieht.

Zuletzt werden die noch unbearbeiteten Flächen strukturiert. Die Unterseiten der Griffe samt Übergängen zur schrägen Stirnholzwand müssen fein nachgearbeitet, die Oberkante der Schale muß »beschnitzt« und leicht gefast werden. Vergessen Sie die Kanten der Griffe nicht. Die Arbeit ist beendet, wenn das Werkstück rundherum eine gleichmäßige Oberflächenstruktur aufweist **(20)**.

Bild 17: Die Stirnseite wird auf eine runde Form gebracht

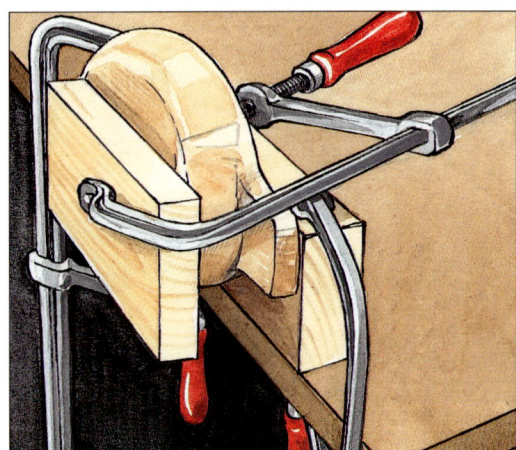

Bild 19: Mit Hilfsklötzen wird die Schale »stehend« aufgespannt

Bild 18: So wird das Werkstück aufgespannt, um den unteren Rand der Seiten abzurunden

Bild 20: Die Schale, Seitenwand vorgearbeitet

Schnitzen vorgefräster Figuren

Wenn von Schnitzen oder Bildhauerarbeit die Rede ist, denkt man zuerst an figürliche Darstellungen von Menschen oder Tieren. Sich an solche Arbeiten zu wagen, setzt erhebliches Talent voraus. Man kann nur nachbilden, was man sich bis in die letzte Einzelheit vorstellen und auch zeichnen kann.

Wie Maler für ein geplantes Bild Studien zeichnen, so muß auch der Bildhauer Einzelheiten seiner Figur anatomisch richtig zu Papier bringen, bevor er seine Vorstellungen dem Werkstoff Holz aufzwingt. Natürlich gibt es wie in der Malerei die naive Kunst, und es sind nicht wenige naive Maler berühmt geworden. Ähnliches ist übertragen für die Bildhauerei denkbar, als Beispiel fallen einem die Totempfähle der Indianer ein. Allerdings setzt auch naives Bilden ein Talent voraus, ein anderes, als für realistische Formung notwendig ist, aber eben doch eine Fähigkeit, die nur wenigen in die Wiege gelegt wurde.

Auch mit mittlerem Talent zum Ziel

Die Heimwerkerindustrie hat den Zwiespalt zwischen Wollen und Können frühzeitig erkannt und beliefert den Markt mit mehr oder weniger ausgearbeiteten Figuren, die mit der Kopierfräse hergestellt wurden.

Schon immer gab es auf dem Kunst- und mehr noch auf dem Souvenirmarkt sehr preiswerte Schnitzarbeiten zu kaufen, die nicht von Grund auf mit der Hand geschnitzt wurden, sondern als vorgefräste Stücke in die Hand des Holzschnitzers gelangten. Zu Zeiten, als Möbel noch reich mit Schnitzwerk verziert waren, bestand ein großer Bedarf, vor allem an Ornamenten, der nur auf diesem Wege preiswert zu befriedigen war.

Die Arbeitsweise der Kopierfräsen

Prinzipiell arbeiten Kopierfräsen so, daß ein Klotz oder Balken wie auf einer Drehbank zwischen Spitzen gespannt wird. Außen den Werkstücken (bei großen Maschinen bis zu zwölf Stück) ist eine fertig bearbeitete Figur, das Modell, gleichermaßen eingespannt. Werkstücke und Modell drehen sich langsam miteinander, also synchron. Das Modell wird dabei von einem Stift abgetastet, der über Gestänge mit so vielen Fräsmotoren verbunden ist, als Werkstücke gleichzeitig bearbeitet werden sollen. Die Fräser folgen nun dreidimensional jeder Bewegung des Taststifts und arbeiten dem Modell völlig gleichende Figuren aus dem Material heraus. Natürlich müssen Fräser eine bestimmte Dicke und stabile Form haben, so daß sie nicht jede feinste Einzelheit nachbilden können. Zudem hinterlassen sie Rauheiten, weil sie nicht dem Holzwuchs angepaßte Schneidewinkel einhalten können.

Wer vorgefräste Figuren verwendet, erlangt nebenbei einen nicht zu unterschätzenden Vorteil. Die Holzaufbereitung entfällt: Man braucht sich weder um passende Stücke mit dem optimalen Trockenheitsgrad zu sorgen noch um Verleimungen zu kümmern. Dazu erspart man sich grobe Formgebung durch Aussägen und Vorhauen – schweißtreibende Arbeiten, die mit Schnitzen eigentlich nichts zu tun haben.

Freie Gestaltung möglich

Es wäre falsch, sich zu genieren, ein Stück, das auf einem Fräsrohling basiert, als eigene Arbeit vorzustellen – es bleiben trotz Vorarbeit noch viele Gestaltungsmöglichkeiten übrig, die eine handwerkliche Darstellung individuellen Geschmacks ermöglichen. Beispielsweise gibt es verschiedene Auffassungen darüber, wie ein Pelztier zu bearbeiten ist. Die »ältere Schule« will jedes Löckchen einzeln ausgearbeitet sehen (1), während die jüngere eher stark stilisiert (2). So gibt es auch »Fräslinge«, die mehr oder weniger verziert sind (3, 4). Eine große Hilfe sind gute Fotos, die zeigen, wie der Entwerfer der Figur sich die Ausarbeitung vorgestellt hat. Die Ausführung der Ente (5) entspricht zum Beispiel nicht jedem Geschmack.

Die vorgefrästen Figuren haben meist Ansätze an Stellfläche (6) und Kopf (7), die vom Einspannen in die Fräsmaschine herrühren und nach dem Fräsen nur grob abgesägt worden sind. Zuerst entfernen wir den Ansatz auf der Stehfläche mit dem schweren geraden Eisen (8). Umfangreichere und längere Zapfen kann man auch absägen, dazu braucht man einen Helfer, der die Figur festhält. Auch wenn man das gerade Eisen mit dem Klüpfel vortreiben möchte, ist der Helfer erforderlich.

Bild 1: Nach der »alten Schule« naturalistisch geschnitzte Fellhaare

Bild 2: Einfache glatte Formen

Bild 3: Rohling mit ausgeprägtem Federkleid

Bild 4: Hier wirkt hauptsächlich die Form

Bild 5: Fertige Ente

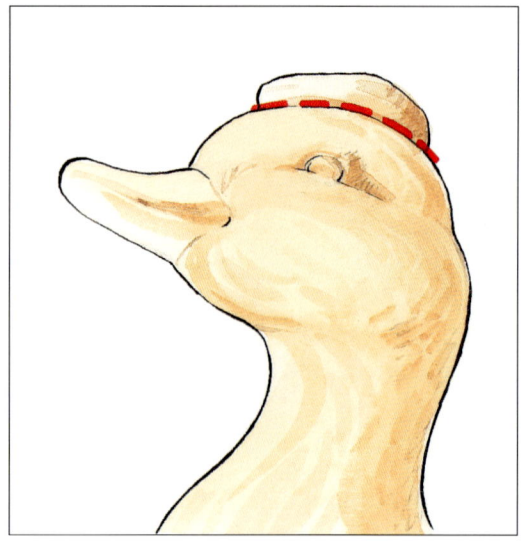

Bild 7: Ansatz auf dem Kopf

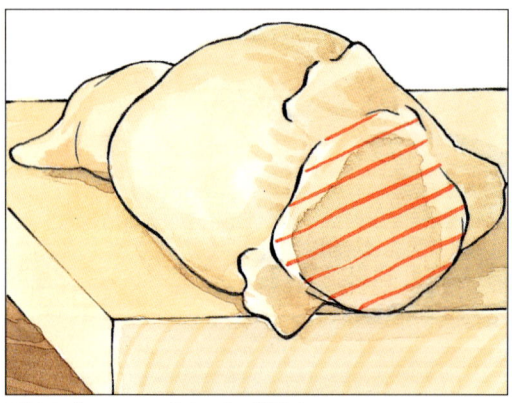

Bild 6: Ansatz auf der Stellfläche

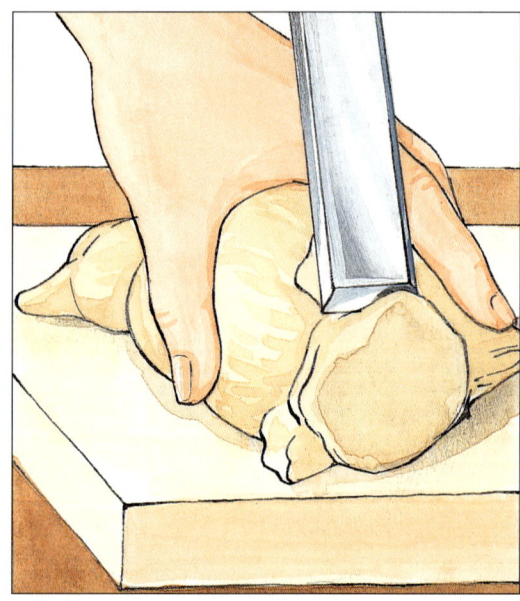

Bild 8: Eine Möglichkeit, den Ansatz zu entfernen

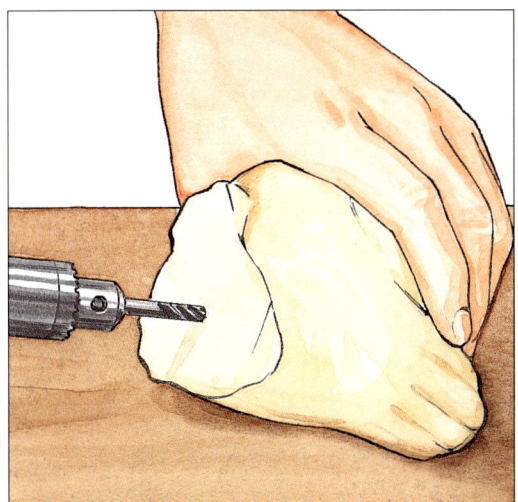

Bild 9: Anbohren der Fußfläche

Der Schnitzbock

Wenn die Fußfläche eben ist, kann das Werkstück für die weitere Bearbeitung aufgespannt werden. Dazu muß das Werkstück von unten her tief angebohrt werden **(9)**. In die Bohrung kommt eine Spezialschraube, die man zuvor durch das Bohrloch des Schnitzbocks steckt **(10)**. Befestigt wird die Figur durch Anziehen der Lochmutter mit einem passenden Stift **(11)**. Nun kann der Rohling in jede beliebige Richtung gedreht werden **(12)**.

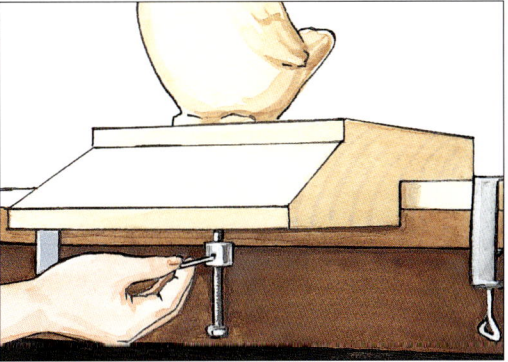

Bild 11: Zuletzt wird die Lochmutter angezogen

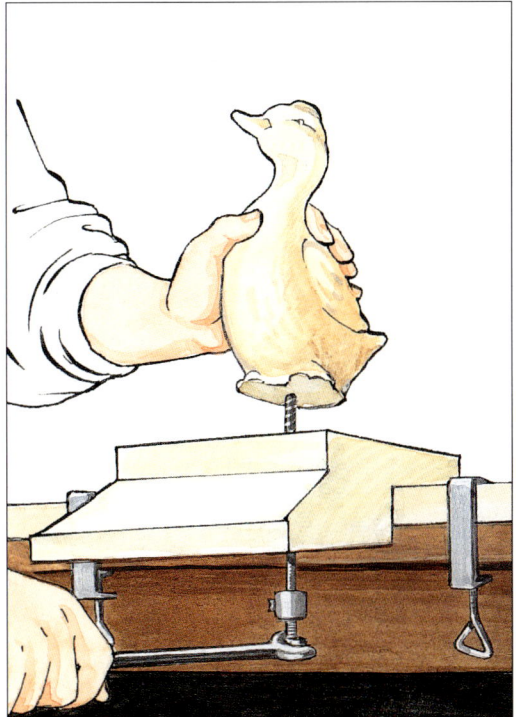

Bild 10: Reihenfolge beim Aufspannen: Werkstück, Schnitzbock, Lochmutter, Schraubenkopf

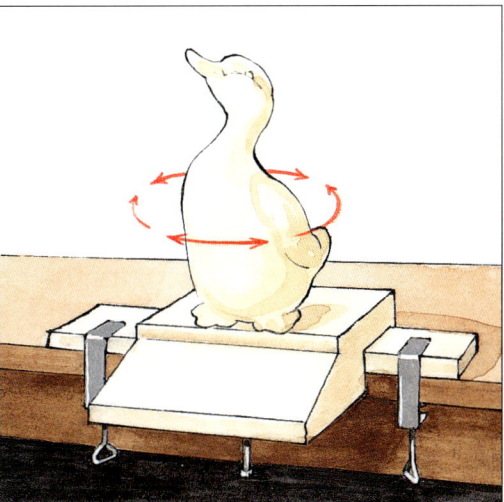

Bild 12: So aufgespannt, läßt sich das Werkstück in jede Richtung drehen

Bild 13: Die Spezialschraube des Schnitzbocks

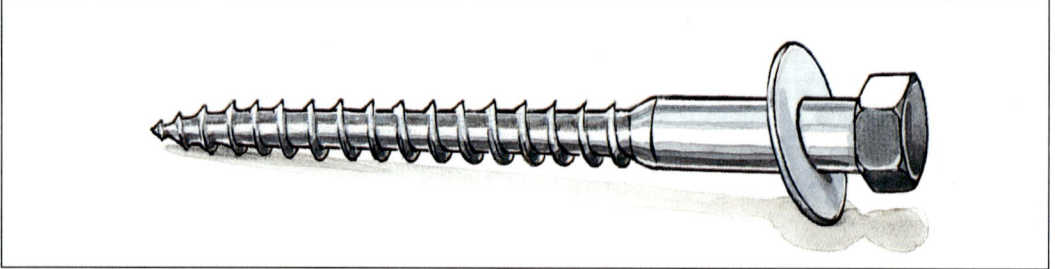

Bild 14: Auch eine solche Schlüsselschraube kann man verwenden

Bild 15: Hilfsmittel im Eigenbau: der Schnitzbock

Die speziellen Spannteile braucht man nicht unbedingt. Statt der Spannschraube **(13)** kann eine normale Schlüsselschraube **(14)** Verwendung finden. Allerdings muß dann mit einem Bohrerdurchmesser in die Figur gebohrt werden, der in etwa dem Kerndurchmesser der Schraube entspricht. Passend für das Holzgewinde der 10-mm-Schlüsselschraube ist ein Bohrer mit 6 bis 7 mm Durchmesser. Für die Spezialschraube mit metrischem Gewinde M 10 ist 8 bis 8,5 mm der richtige Vorbohrdurchmesser.

Statt des Schnitzbocks kann man auch ein dickes Brett verwenden, das mit zwei schräg angesetzten Zwingen am Tisch befestigt wird **(15)**.

Ein Schnitzbock für Profis

Wenn man das Figurenschnitzen als Dauerhobby betreiben will, lohnt sich eine Sonderanfertigung, die man am besten von einem Schlosser herstellen läßt: Ein zusammengeschweißtes »Z« aus dickem Flacheisen (circa 15 x 80 mm) wird mit Zwingen oder durchgehenden Schrauben (besser!) am Tisch befestigt **(16)**. Der senkrechte Schenkel des »Z« sollte so lang sein, daß Sie in aufrechter Haltung arbeiten können. Werden die Werkstücke so aufgespannt, kann das Eisen mit beiden Händen geführt werden, was für den Anfänger hilfreich ist. Mit dem geschweißten »Z« aus starken Flacheisen kann man sehr kraftvoll zu Werke gehen und das Eisen mit dem Klüpfel vorantreiben.

Bild 16: Schnitzbock aus stabilem Flacheisen

und Schwimmhäute werden nur stilisiert dargestellt, eine realistische Ausarbeitung ist schwierig; die so bearbeiteten Teile wären überdies sehr empfindlich und könnten ausbrechen. Die Augen der Figur – halten Sie sich am besten an **(5)** – bedürfen nur geringer Nacharbeit, die sich mit einem schmalen geraden Eisen oder mit einem sehr kurzen Messer ausführen läßt.

Wachs für die Oberflächen

Wenn Sie Ihren Figuren eine Oberflächenbehandlung angedeihen lassen wollen, dann eignet sich dazu Flüssigwachs, eventuell gefärbtes. Voraussetzung dafür ist, daß das Schnitzwerk durchweg eine sehr glatt geschnittene oder nachgeschliffene (mit Schleifpapier) Oberfläche hat. Andernfalls rauht das Material stark auf, Nacharbeit wird erforderlich, und ein überall gleichmäßiger Farbton ist dann kaum mehr zu erreichen, weil rauhes Holz mehr Wachs einsaugt als glattes.

Das eigentliche Schnitzen beginnt

Kommen wir nun zum Ansatz am Kopf der Figur (Spannzapfen-Rückstand): Er wird mit einem flachen schmalen Hohleisen entfernt **(17)**. Dabei darf nicht zu viel abgenommen werden, denn die Kopfrundung muß bestehen bleiben.
Jetzt ist eine Stilfrage zu entscheiden: Sie können der »verzierten« Ausführung nach **(5)** folgen. Das ist die aufwendigste und schwierigste Möglichkeit. In diesem Fall bietet es sich an, die größeren Flächen fein mit dem Hohlmeißel zu bearbeiten, wie wir es bei der Herstellung unserer »Schale« ausführlich gezeigt haben. Eine andere Version wäre, diese Flächen einfach zu glätten, wofür Feile und Schleifpapier zum Einsatz kommen müßten, wie schon im Kapitel »Werkzeuge und Hilfsmittel« erwähnt wurde.
Wofür Sie sich auch entscheiden, die charakteristischen Merkmale der Figur müssen auf jeden Fall überarbeitet werden. Das sind beispielsweise die vorgefrästen Andeutungen der Flügelumrisse oder die Schnabelspalte.
Dazu brauchen Sie ein schmales tiefes Hohleisen, dessen Profil ein richtiges »U« darstellt. Zehen

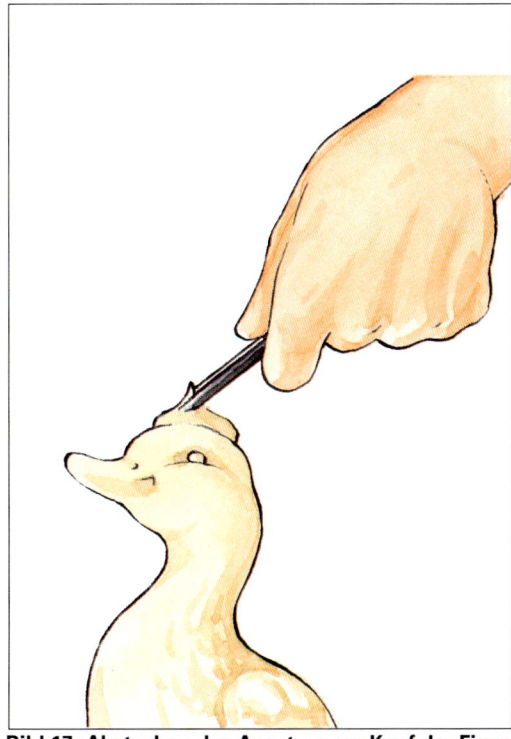

Bild 17: Abstechen des Ansatzes am Kopf der Figur

Bild 18: Eule, geschnitzt von Alfred Kaufhold

Färben mit Beize

Wenden wir uns dem Material zu, das wir Ihnen besonders empfohlen haben: Lindenholz ist von Natur aus hell, meist fast weiß. Manchmal besteht das Bedürfnis, einem geschnitzten Stück einen dunkleren Farbton zu geben. Besonders Figuren aus dem sakralen Bereich werden gerne »auf alt« gemacht. Beizen, die dafür in Frage kommen, färben unterschiedlich: Glatte (scharf geschnittene) Teilflächen werden weniger stark eingefärbt als, zum Beispiel nachgeschliffene Partien. Sehr stark färbt die Beize im Hirnholzbereich. Das ist dann unangenehm, wenn ein Stück wegen seiner komplizierten Form ungleichmäßig mit unterschiedlichen Techniken bearbeitet wurde. Wasserbeizen führen zu unerwünschten Aufrauhungen. Glätteversuche beeinträchtigen die Gleichmäßigkeit der Einfärbung.

Wachsbeizen

Am leichtesten arbeitet es sich mit Wachsbeize, die bis vor 50 Jahren im Möbelbau eingesetzt wurde, wegen verschiedener Nachteile aber kaum mehr verwendet wird. Sie enthält Wachspartikel, leider aber auch Lösungsmittel und chemische Zusatzstoffe wie Ammoniak und ist deshalb nicht ganz unbedenklich. Dinge, die in die Nähe von Lebensmitteln kommen, sollten vom Wachsbeizen ausgenommen werden.
Die Besonderheit der Wachsbeize ist, daß man die damit eingestrichenen Flächen nach dem Trocknen »glätten« muß. Dabei werden die in der Beize enthaltenen Wachspartikel zerdrückt und hinterlassen einen matten Glanz. Bis zu einem gewissen Grad verbessert man durch dieses Verfahren auch leicht rauh gewordene Teilflächen.
(Fortsetzung Seite 58)

Aus der Geschichte: der »Schneide-Esel«

Ein Arbeitsgerät, das in keinem ländlichen Haushalt fehlen durfte, war der »Schneide-Stuhl«.

Der Schnitzer (»Schnefler«) setzte sich rittlings auf das Bänkchen, wodurch das Gerät so beschwert war, daß auch mit dem Klüpfel gearbeitet werden konnte. Das Werkstück wurde unter den »Kopf« gespannt. Die Spannkraft konnte verhältnismäßig bequem und dosierbar mit dem Fußpedal erzeugt werden. Umstecken des Verbindungsstifts in eines der Bohrlöcher im Tisch oder im Spannbalken erlaubte, dicke und dünne Werkstücke zu spannen.

Wegen des Kopfes, der gelegentlich ausgeprägter gestaltet war als hier auf dem Foto, trug das Gerät im alemannischen Sprachraum den Namen »Schnidesel«, auf hochdeutsch Schneide-Esel.

Der Schnitzer oder »Schnefler«

Die Schnitzbank, auch »Schnidesel« genannt

Werkzeuge für das Finish

Zum Glätten von Großflächen (Möbelbau) dienen Bürsten, denen zwischen den Borstenbüscheln Lederstreifen eingearbeitet sind. Darauf können wir leider nicht zurückgreifen. Wir haben außer der Beize einen dicken, weichen Wasserfarbenpinsel zum Auftragen verwendet. Geglättet wurde mit einem Hartholzspachtel, der eine sehr glatt geschliffene, abgerundete »Schneide« aufwies. Solche Spachteln stellten wir in mehreren Breiten her, teils mit geraden, teils mit runden Schneiden. Was damit nicht zu erreichen war, versuchten wir, mit einer (harten!) Zahnbürste zu glätten.

Tragen Sie die Beize zunächst auf ein Probestück auf, dabei macht man sich mit dem Material vertraut. Die Beize wird satt aufgetragen, Überschüsse müssen aber gleich wieder mit dem Pinsel aufgenommen werden, sonst gibt es dunkle Streifen oder Platten.

Beim Glätten muß man leichten Druck ausüben und Strich neben Strich setzen. Zerklüftete Schnitzereien lassen sich natürlich nicht so gleichmäßig bestreichen wie eine glatte Fläche. Glanzlose Fehlstellen sind gut zu erkennen, wenn man das Werkstück im Licht hin und her schwenkt und dabei schräg über die Fläche schaut. Notfalls muß man nacharbeiten.

Zum Schluß wird lackiert

Soll Wachsbeize mit farblosem Lack abgedeckt werden, kann es Schwierigkeiten mit dem Trocknen geben. Am sichersten ist Nitro-Einlaßgrund, den der Maler »Kronengrund« nennt, weil er sich gegen Untergründe neutral verhält.

Diese sehr schnell trocknende Beschichtung wird am besten aufgespritzt. Dann ist auch ein eventuelles Aufrauhen weniger zu befürchten. Allerdings sind die Nitrodämpfe und -nebel gesundheitsschädlich, so daß im Freien gearbeitet werden sollte.

Galerie

Das Geheimnis

Die beiden Figuren sind so überpointiert dargestellt, daß sie alle Voraussetzungen einer Karika-
tur erfüllen. Technisch gesehen sind sie so
schwierig auszuführen, daß eine Steigerung
kaum denkbar erscheint. Man beachte nur die
spindeldürren Beine beider oder die hauchdünn
ausgearbeiteten Rockschöße des Dicken.
Als echte Vollplastik ist natürlich auch die Rück-
seite fein ausgearbeitet – es ist schade, die Figuren so aufzustellen, daß man nur eine Seite sieht!

Das Geheimnis – Vollplastik von Karl Knupfer

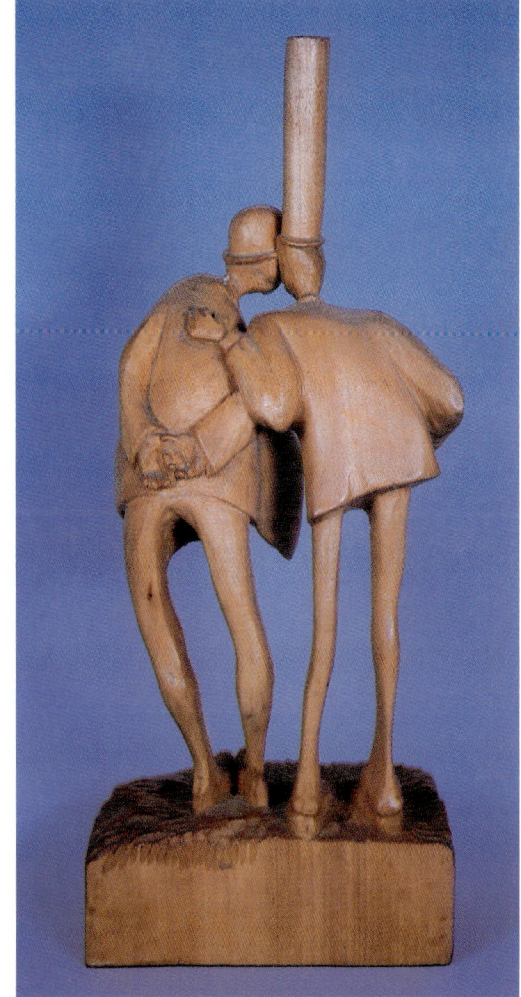

**Man muß nicht nur schnitzen, sondern auch sehr
gut zeichnen können, um eine solche Vollendung
zu erreichen**

Phantasien

Diese Arbeit von Karl Knupfer ist ein gutes Beispiel dafür, daß ein Stück Holz (hier ein Stück dicker Ast) Form und Größe einer Schnitzarbeit in erheblichem Maße bestimmen kann.

Die Plastik scheint auf den ersten Blick gegenstandslos zu sein. Wenn sie jedoch rundherum betrachtet wird, findet man Elemente eines weiblichen Aktes.

Die früher im Buch aufgestellte Regel, daß ganze Rundhölzer beim Trocknen reißen, wird hier leider erneut bestätigt. Obwohl das Holz tief eingeschnitten ist, finden sich kleine Risse – schade!

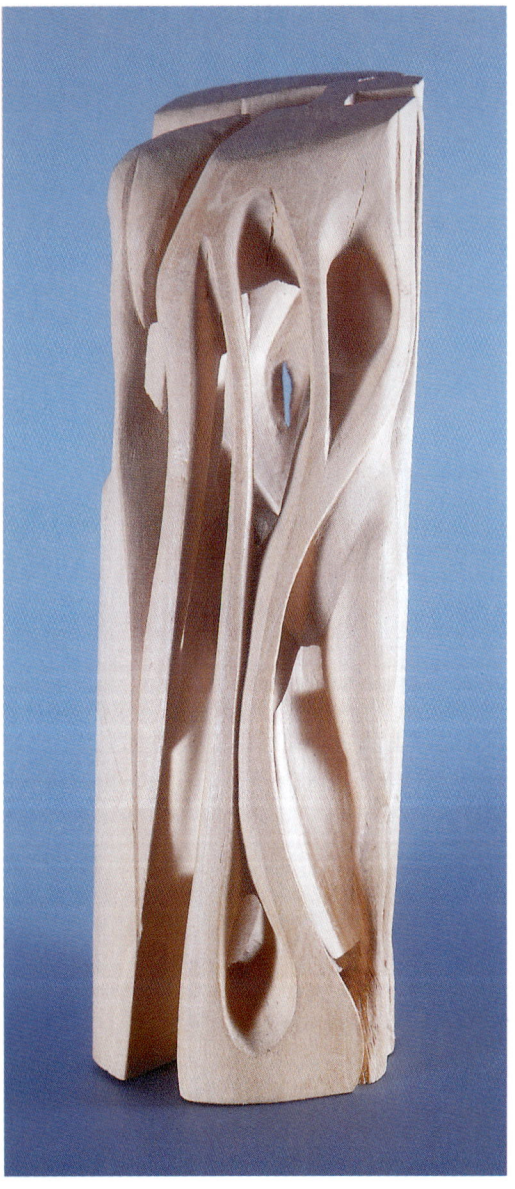

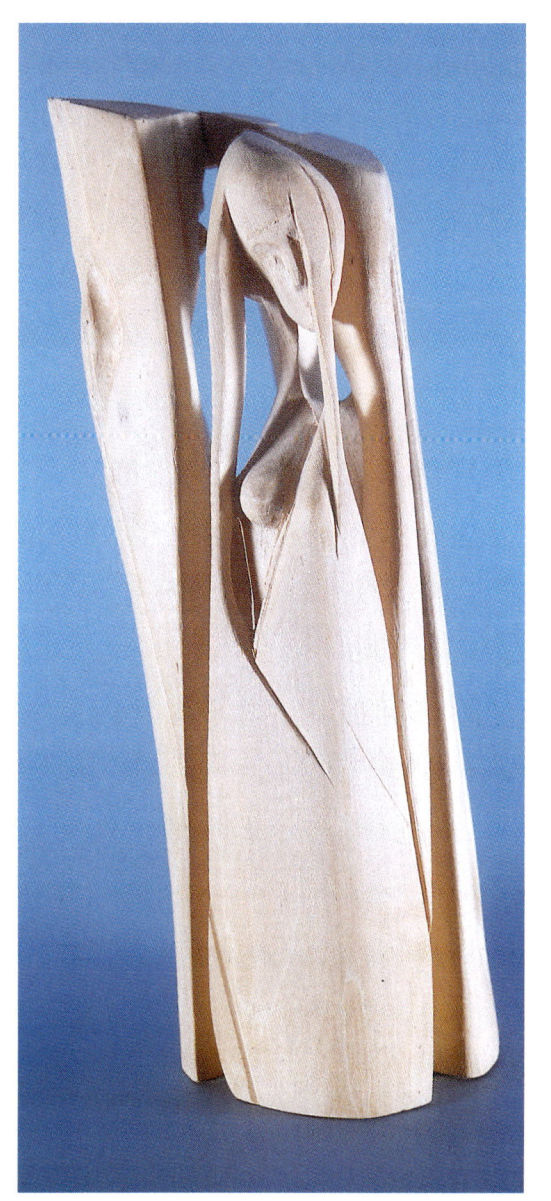

Fisch und Lurch

Wie weit man es mit dem Stilisieren von Figuren treiben kann, zeigen diese beiden originellen Schülerarbeiten.
Die Tierfiguren haben weder Augen noch Münder, trotzdem kommt das Charakteristische jeden Tieres deutlich heraus.

Das Thema »Fisch und Lurch« stellte Karl Knupfer seinen Schülern im Werkunterricht als Aufgabe ▶

Eine überzeugende, sehr elegante Material- und Formenkomposition ▼

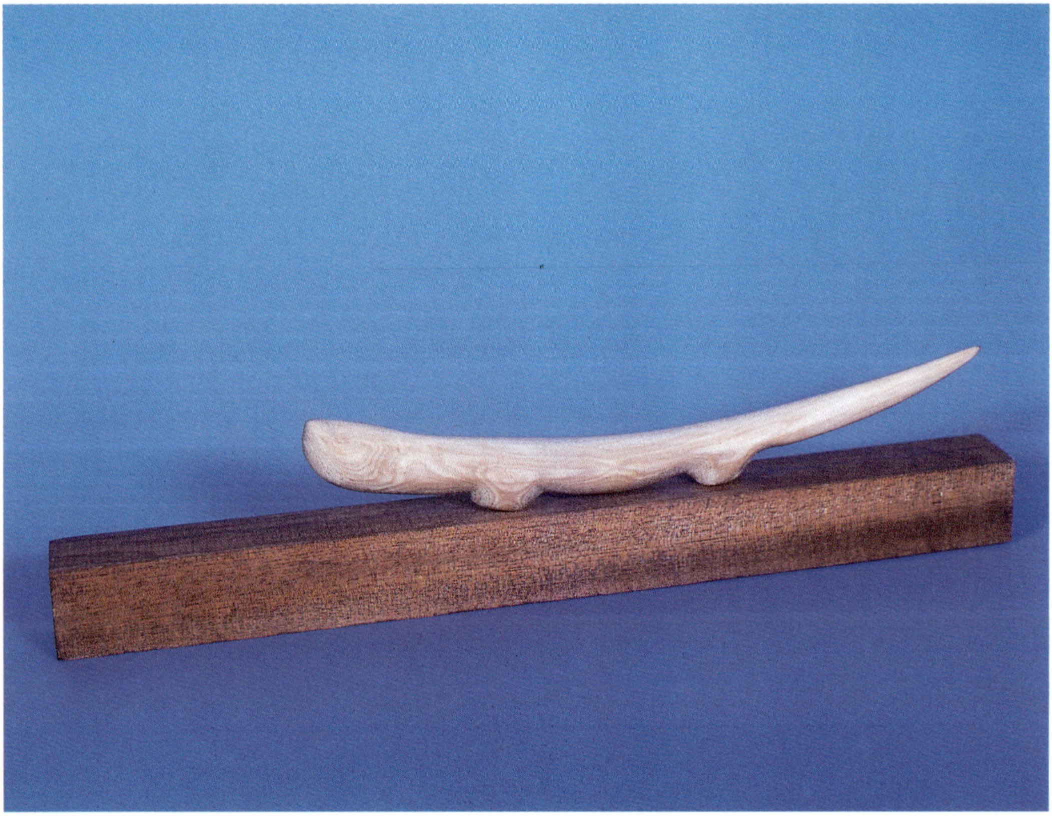

Register

Vom selben Autor sind im FALKEN Verlag bereits erschienen:
Elektrogeräte reparieren (Nr. 1160)
Kleinmöbel aus Holz (Nr. 905)
Drechseln. Material, Technik, Beispiele (Nr. 1306)
Metall bearbeiten (Nr. 1119)

Die Deutsche Bibliothek – CIP-Einheitsaufnahme

Maier, Otto:
Schnitzen : Hölzer, Muster, Werkzeuge / Otto Maier. –
Niedernhausen/Ts. : FALKEN, 1995
  (Do it yourself)
  ISBN 3-8068-1414-7

ISBN 3 8068 1414 7

Umschlaggestaltung: Jürgen Szillat
Redaktion: Konrad Haase
Titelbild: Pool Gesellschaft für Werbefotografie mbH, Griesheim
Fotos: Centrale Marketinggesellschaft der deutschen Agrarwirtschaft m.b.H., Bad Godesberg (S. 7) – **Gisela Kelbert,** Idstein (S. 34; 35 oben, l. Mitte, l. unten; 56) – Otto Maier, Römerstein (S. 9; 16; 17; 18; 21; 22; 23; 33 l. oben, l. Mitte, l. unten; 46; 57; 59; 60; 61; 62) – **Peter Udo Pinzer,** Niedernhausen (S. 4; 12) – **Photo-Illustrations Ltd.,** Jersey (S. 1; 2; 6; 11; 13; 14; 15; 25; 26; 33 l. unten; 35 r. unten; 36; 49; 52).
Die Tafeln auf S. 4; 12 entstammen: Max Metzger, Die Holzbildhauerei, Leipzig 1919, Verlag Bernh. Friedr. Voigt, Format 15 x 23,2 cm, **Universitätsbibliothek Hannover** (Zs 7639,2). Die vorgefrästen Figuren (S. 2; 49; 52) wurden von der Firma **Westfalia** zur Verfügung gestellt.
Zeichnungen: Gerhard Scholz, Dornburg

Satz: FROMM Verlagsservice GmbH, Idstein
Druck: Ernst Uhl, Radolfzell

817 2635 4453 6271